INVENTAIRE
F 40335

DE LA COLLATIO

EN DROIT ROMAIN

DU RAPPORT

EN DROIT FRANÇAIS

THÈSE POUR LE DOCTORAT

PAR

Émile MOUTARD-MARTIN

Avocat à la Cour d'appel de Paris

PARIS
IMPRIMERIE DE E. MARTINET
RUE MIGNON, 2
1872

FACULTÉ DE DROIT DE PARIS

DE LA COLLATIO

EN DROIT ROMAIN

DU RAPPORT

EN DROIT FRANÇAIS

THÈSE POUR LE DOCTORAT

SOUTENUE

Le Jeudi 6 juin 1872, à deux heures

PAR

ÉMILE MOUTARD-MARTIN

Avocat à la Cour d'appel de Paris

Président : M. VUATRIN.

Suffragants :
{ MM. VALETTE,
LABBÉ,
BUFNOIR, } Professeurs
BOISSONADE, } Agrégé.

PARIS

IMPRIMERIE DE E. MARTINET

RUE MIGNON, 2

1872

A MON PÈRE

A MA MÈRE

DROIT ROMAIN

PREMIÈRE PARTIE
DROIT CLASSIQUE

CHAPITRE PREMIER

COLLATIO BONORUM
(Dig. Liv. 37, tit. 6)

§ 1er. — Fondement de la *collatio bonorum*

La *collatio bonorum* est une institution prétorienne : elle fut la conséquence d'une réforme introduite par le préteur dans le système successoral du droit civil.

La loi des XII Tables avait donné au père le droit absolu de tester : « Uti legassit super pecunia tutelave suæ rei, ita jus esto » ; et s'il mourait intestat, elle faisait passer son patrimoine en premier ordre à ses enfants en puissance. Les jurisconsultes protégèrent cependant bientôt les enfants contre la liberté absolue de tester accordée au père : reconnaissant une sorte de copropriété du patrimoine de la famille en faveur des enfants en puissance, ils imposèrent au père la nécessité d'exhéréder ses enfants en puissance lorsqu'il voulait les exclure de sa succession. Et comme souvent les pères exhérédaient leurs enfants sans juste cause, ils permirent aux enfants de faire tomber le testament dans lequel ils avaient été exhérédés injustement, au moyen de la *querela inofficiosi testamenti*.

Mais, tandis que les héritiers siens étaient ainsi protégés par le droit civil, les enfants émancipés n'avaient aucun droit sur la succession *ab intestat* de leur père, et, vis-à-vis d'eux, le droit de tester était toujours absolu. Le préteur trouva inique cette différence de situation entre les enfants d'un même père, et vint au secours des enfants émancipés. Il leur accorda : 1° Lorsque le *de cujus* mourait intestat, le droit de venir concourir avec les enfants restés en puissance au moyen de la *bonorum possessio unde liberi* ; 2° Le droit de faire tomber le testament dans lequel ils avaient été omis au moyen de la *bonorum possessio contra tabulas*, et celui dans lequel ils avaient été exhérédés par la *querela inofficiosi testamenti* qui leur permet de venir à la succession au moyen de la *bonorum possessio unde liberi*.

Le préteur, en corrigeant une injustice, vit qu'il en commettait une autre. En effet, au milieu des inconvénients que présentait la condition d'émancipé, se trouvait un précieux avantage : tandis que les enfants en puissance acquéraient pour leur père, l'enfant émancipé, au contraire, acquérait pour lui. Or le préteur appelait les enfants émancipés à concourir avec les *sui* dans la succession du père; était-il juste qu'ils vinssent prendre part aux acquisitions des fils de famille en conservant leurs biens personnels? Le préteur ne le pensa point. « Cum enim prœtor ad bonorum possessionem contra tabulas emancipatos admittat, participesque faciat cum his qui sunt in potestate bonorum paterno-rum. [illegible], ut sua quoque bona conferant qu[illegible]erna. » (L. 1 *pr. Dig.* 3?, 6.) Cujas dit à ce sujet : « Jus suorum hæredum habere volunt, suorum autem hæredum quæ sunt patris sunt : itaque ea quæ sua sunt, tanquam sui hæredes, in commune conferre debent ut qui se adæquant cum suis nihil etiam ut sui sibi proprium aut præcipuum esse ducant. » (Paradita, *in* lib. VI. *Cod. Just.*)

Il est facile de voir combien cette institution diffère de notre rapport moderne. Il ne s'agit pas ici d'établir l'égalité entre les enfants, mais de réparer le préjudice causé aux *sui* par les enfants émancipés. Ils ne rapportent pas à la succession du père des biens qui en sont sortis, mais apportent à cette succession leurs biens personnels. C'est une *collatio* ou un apport, non un rapport.

§ 2. — Entre quelles personnes il y a lieu à la collatio?

Les enfants émancipés ou assimilés par le préteur aux héritiers siens venant à la succession de leur père par la *bonorum possessio contra tabulas* ou *unde liberi* doivent la *collatio* aux héritiers siens auxquels ils causent un préjudice.

1° Qui doit la *collatio?* Ce sont les émancipés et ceux que le préteur a assimilés aux héritiers siens. Ainsi, non-seulement l'émancipé succédant à son père est soumis à la *collatio,* mais le petit-enfant retenu en puissance par l'aïeul, venant à la succession de son père émancipé, le petit-enfant conçu depuis l'émancipation de son père venant à la succession de son grand'père, le petit-enfant émancipé par son grand-père venant à la succession de son père retenu en puissance. (L. VII, D. 37, 4, et L. IX, D. 37, 6. — L. VI, *pr.* D. 37, 4. — L. VI, § 2, D. 37, 4.)

Il en est de même de l'enfant donné en adoption, sorti de la famille adoptive, et venant dès lors à la succession du père naturel ; mais il faut pour cela que l'enfant donné en adoption ait été émancipé avant la mort du père naturel, car il eût été inique qu'il dépendît du père adoptif de faire revenir les biens du père naturel, à son gré, aux enfants ou aux agnats. (*Inst.,* lib. III, tit. 1, § 10. — Gaius, *Com.* II, § 137.) Tant que l'enfant adopté est dans la famille du père adoptif, il n'a point de droits sur les biens du père naturel ; cependant, s'il est institué héritier par son père naturel et qu'un *suus* omis demande la *bonorum possessio contra tabulas,* l'enfant adopté viendra lui-même à la succession par la *bonorum possessio contra tabulas,* et devra la *collatio* s'il recueille ainsi une part plus forte que celle pour laquelle il était institué. Ce n'est point lui qui fera la *collatio*, puisqu'en sa qualité de fils de famille il n'a point de biens, mais son père adoptif en puissance duquel il se trouve. Et celui-ci devra sans doute la *collatio* des biens qu'il a acquis par l'intermédiaire de l'enfant adopté, et qui, sans l'adoption, auraient été acquis au père naturel. Toutefois le père adoptif pourrait se dispenser de la *collatio* en se contentant de la part pour laquelle l'enfant est institué, ou bien encore en émancipant cet enfant avant d'avoir demandé la *bonorum possessio*, mais il faut que l'émancipation soit faite sans fraude, c'est-à-dire que le père ne se réserve pas le moyen de reprendre l'émolument de la succession. (L. VIII, § 11, D. 37, 4; L. I, § 14, D. 37, 6.)

C'est à cette hypothèse qu'Ulpien fait allusion dans la loi 5. D. 37, 6. Un père a émancipé son fils et retenu en puissance son petit-fils. Le fils, après son émancipation, a eu une fille, *hœres sua*. Le petit-fils obtient la *bonorum possessio* sur les biens de son père émancipé : il doit la *collatio* ou plutôt son grand'père la doit pour lui, à moins qu'il ne l'émancipe sans fraude. C'est ce qui fait dire à Ulpien : « Et esse similem ei qui adoptavit. » Il ajoute que la fille *hœres sua* n'a pas à se plaindre de ce que l'émancipation de son frère vient la priver de la *collatio*, puisqu'elle retrouvera dans la succession du grand'père les biens dont l'émancipation de son frère l'a privée à la mort de son père. Du reste, Ulpien fait remarquer que ce raisonnement ne peut s'appliquer dans l'espèce que nous avons étudiée auparavant, où c'est un père adoptif qui émancipe l'enfant en sa puissance. Aussi Pothier dit à ce sujet : « Sola ratio cur collatio cesset hæc est : quod is qui fratrem meum emancipat, cum bonorum possessionis emolumentum non habeat, nec debet onus collationis sustinere, sed nec frater meus, qui hoc habet, conferet, quum nihil habeat proprium quod possit conferre. » (*Pandect.*, lib. XXXVII, tit. vi, art. 2.)

Pour que ces diverses personnes doivent la *collatio*, il faut qu'elles succèdent *jure prætorio*, par la *bonorum possessio*. « Inter eos dabitur collatio quibus possessio data est. » (L. I, § 1, D. 37, 6.) Il n'y a pas à distinguer entre la *bonorum possessio contra tabulas* ou *unde liberi*.

Il faut avoir obtenu la *bonorum possessio* pour devoir la *collatio*, on peut donc se dispenser de la *collatio* en ne demandant point la *bonorum possessio*. Ainsi la *collatio* est facultative comme le rapport dans notre droit moderne. (L. XXV, C. 3, 36.)

On peut se demander s'il y aurait lieu à la *collatio* quand l'émancipé vient en concours par la *bonorum possessio unde cognati* avec des héritiers siens. Il faut supposer que l'émancipé a négligé de demander la *bonorum possessio unde liberi*, et que les *sui* ont perdu le droit de demander la *bonorum possessio unde liberi et unde legitimi*. Tous viennent alors à la succession comme cognats, et on pourrait dire qu'il n'y a pas lieu à la *collatio* entre cognats. Cependant Vinnius (Jurisprud. *de Collat.*, c. 4, n. 10 et 11) pense qu'elle devrait encore s'appliquer. Il y a un préjudice pour les *sui* résultant du concours de l'émancipé. Or : « toties collationi locus est quoties aliquo incommodo affectus est is qui in potestate est interventu emancipati. » (L. I, § 5, D. 37, 6.) Quoique les enfants viennent à la succession comme cognats, leur qualité d'enfants n'est point effacée pour le préteur; il leur donne pour demander la *bonorum possessio* le délai d'un an spécial aux successibles en ligne directe, et non le délai de cent jours accordé aux cognats ordinaires. (L. IV, § 1, D. 38, 15.) C'est ainsi encore que l'édit Carbonien leur est applicable. (L. VI, § 2, D. 37, 10.)

Il suffit donc de venir à la succession par la *bonorum possessio unde cognati* pour devoir la *collatio*, mais il faut y venir par la *bonorum possessio*. Ainsi l'émancipé venant à la succession en vertu d'une institution testamentaire ne doit point la *collatio*. (L. I, § 6, D. 37, 6.) « Vel maxime autem tunc emancipatum conferre non oportet si etiam judicium patris meruit. » Il vient alors à la succession appelé par son père, non par le préteur. « Non veniunt ex testamento ut liberi, dit Cujas, sed ut quilibet, ut extranci qualescunque habentes testamenti factionem. »

La loi VI, D. 39, 7 fait une application de cette idée. Un père a institué héritier son fils émancipé et exhérédé sa fille; elle a intenté la *querela inofficiosi testamenti* et enlevé au fils émancipé la moitié de l'hérédité : celui-ci ne lui doit point la *collatio*. « Nam

et libertates competere placuit, » dit Papinien, c'est-à-
dire que le testament n'est pas complétement anéanti,
et que c'est encore en vertu du testament que l'émancipé recueille la succession. Le *de cujus* meurt alors
partim testatus, partim intestatus; mais dans la matière de la *querela inofficiosi testamenti,* cette règle
reçoit des exceptions. (L. XV, § 2, D. 5, 2.) « Nec
absurdum videtur pro parte intestatum videri. » Il
n'est donc point nécessaire de supposer avec Pothier,
pour expliquer notre loi, que le testateur a institué
son fils émancipé pour moitié, un étranger pour moitié, et que la fille exhérédée n'a fait rescinder le testament que pour la part de cet étranger. Cette hypothèse
n'est point en effet conforme au texte qui ne suppose
pas que le testateur a institué un étranger. (Pothier,
Pand., l. VI, D. 37, 6, art. 1, 5, *ad notam.*)

Il ne faut pas s'arrêter à l'objection que l'on pourrait tirer de la loi II, D. 37, 7, pour soutenir qu'un
émancipé institué est tenu de la *collatio.* « Filia in
adoptionem data et hæres instituta debet sicut eman-
cipata conferre. » On pourrait dire : la fille *in adoptionem data* instituée, doit la *collatio*, comme la fille
émancipée instituée : la fille émancipée instituée héritière doit donc la *collatio* en principe. Tel n'est point
le sens de ce texte. Mais il y a des cas où l'émancipée
instituée peut devoir la *collatio*, et c'est précisément
à l'un de ces cas que la loi II, dont nous nous occupons, se réfère lorsqu'elle soumet la fille donnée en
adoption instituée à la *collatio* comme l'émancipée

— 9 —

Ainsi le père peut avoir imposé à l'émancipé l'obligation de *conferre;* « emancipatos liberos testamento hæredes scriptos... fratribus... conferre oportere, si pater ut hoc fiat supremis judiciis... cavit, manifesti juris est.» (L. I, C. 6, 20.) Ainsi encore, si nous supposons qu'un émancipé a été institué pour une part, et qu'un autre enfant omis demande la *bonorum possessio contra tabulas,* l'enfant institué venant à la succession par la *bonorum possessio contra tabulas* devra la *collatio* s'il recueille une part plus forte que celle pour laquelle il était institué : « aucta portione ejus dicendum erit collationis munere fungi. » (L. III, D. 37, 7 et L. I, § 6, D. 37, 6.) S'il se contentait de la part pour laquelle il a été institué héritier, il n'y aurait point lieu à la *collatio.* Dans ces deux hypothèses l'émancipé institué doit la *collatio.* Mais en principe la *collatio* n'est pas imposée à l'émancipé qui vient à l'hérédité en vertu d'une institution.

2° A qui est due la *collatio?* La *collatio* est due aux héritiers siens qui souffrent un préjudice par suite du concours de l'émancipé. (L. I, § 5, D. 37, 6.)

Les émancipés ne se la doivent point entre eux; ils ne se causent point de préjudice, ils acquièrent pour eux; et la *collatio* n'a point pour but d'établir l'égalité, mais de réparer le préjudice causé aux héritiers siens par l'admission au partage des enfants émancipés qui ont pu faire des acquisitions propres, tandisque les héritiers siens acquéraient pour le chef de famille.

La loi I, § 16, D. 37, 8, paraît accorder la *collatio*
à un émancipé. « Si sit filius in potestate, alius emancipatus, ex defuncto unus nepos in potestate, alius
nepos emancipatus, eleganter Scævola tractat patruus
emancipatus quantum nepotibus, quantum fratri suo
conferat. Et ait posse dici tres eum partes facere :
unam sibi, unam fratri, unam istis collaturum : quamvis hi minus quam patruus ex hereditate avi, concur-
rente patre, sint habituri. » D'après cette loi, la *collatio* serait due aux petits-enfants, or parmi les petits-
enfants, l'un est émancipé. On ne peut admettre cette
solution en présence des nombreux textes qui disent
que la *collatio* n'est point due aux émancipés. (L. I,
§ 24, D. 37, 6.) Aussi a-t-on proposé différentes cor-
rections. Cujas propose de lire « ex defuncto alio
emancipato duo nepotes in potestate, » au lieu de « ex
defuncto unus nepos in potestate, alius nepos emancipatus. » La *collatio* n'aurait ainsi lieu qu'au profit de
sui. (Cujas, lib. III, Observat.) Pothier conserve le
commencement du texte que modifiait Cujas ; mais en
change la fin. Il propose de lire : « quantum nepoti...
unam isti... quamvis hic minus... » De plus il change
le mot *patre* en *fratre* : le mot *patre* ne peut en effet
être conservé ; puisque le commencement du texte
suppose le père mort, il ne peut venir concourir avec
ses enfants. Le sens du texte serait alors celui-ci : la
collatio n'est due qu'au petit-enfant héritier sien et à
son oncle *suus*, et le petit-enfant a droit à la même
part que son oncle dans les biens rapportés, bien qu'il

ne recueille qu'une part moindre dans la succession,
par suite du concours de son frère émancipé. (Pothier, *Pandect.*, lib. XXXVII, tit. vi, art. 4, n° 26, *ad
notam.*)

Les héritiers siens ont donc seuls droit à la *collatio*,
mais à la condition qu'ils souffrent un préjudice. « To-
tiens collationi locus est quotiens aliquo incommodo
effectus est is qui in potestate est interventu emancipati. » (L. I, § 5, D. 37, 6.)

Or il peut se présenter des cas où la présence de
l'émancipé procure un avantage au *suus*. Ainsi, le
père a institué un fils en puissance et un étranger et
omis un enfant émancipé : ce dernier obtient la *bonorum possessio contra tabulas.* Si le *suus* était institué
pour moins de moitié, l'émancipé ne lui devra point
la *collatio,* car, grâce à lui, la succession va se partager comme *ab intestat* et le *suus* va prendre moitié.
(L. I, § 4, D. 37, 6, et L. VIII, § 14, D. 37, 4.)

L'émancipé doit au contraire la *collatio* aux *sui,*
auxquels il cause un préjudice, et à ceux-là seulement.
L'édit *de conjungendis cum emancipato liberis ejus*
nous offre une application intéressante de cette idée.
Lorsque le père avait émancipé son fils et retenu son
petit-fils en puissance, *jure civili,* c'était son petit-fils
qui était son héritier, *jure prætorio,* le fils émancipé
étant plus proche en degré excluait ses enfants comme
bonorum possessor. Salvius Julianus trancha le conflit ;
il appela l'émancipé et ses enfants en concours chacun
pour moitié, quel que fût le nombre de ces enfants,

sur la part que l'émancipé aurait recueillie s'il fût resté en puissance. L'émancipé dut la *collatio* à ses enfants, mais à ses enfants seuls, non à ses frères ou sœurs restés en puissance, parce qu'il ne leur causait aucun préjudice. (L. I, § 13, D. 37, 8.)

La L. III, § 6, D. 37, 6, nous offre un autre exemple. Un père a deux fils, et de l'un d'eux un petit-fils. Il émancipe ce dernier fils. Ce fils émancipé a postérieurement à son émancipation un second enfant que le grand'père adopte *in locum filii*. Puis le grand'père meurt, *ab intestat*, ou ayant fait un testament dans lequel il a omis son fils émancipé. On fera trois parts de ses biens : une pour le fils resté en puissance, une pour le petit-fils adopté *in locum filii*, enfin une troisième pour le petit-fils resté en puissance et pour son père émancipé. L'émancipé ne devra la *collatio* qu'à ce petit enfant avec lequel il concourt et auquel seul il porte préjudice.

Suffit-il que l'émancipé venant à la succession par la *bonorum possessio* cause un préjudice aux *sui* pour leur devoir la *collatio*, ou ne faut-il pas encore que ces *sui* succèdent eux-mêmes par la *bonorum possessio* ? L'édit voulait certainement que le *suus* succédât par la *bonorum possessio*, comme le montre la loi 10, D. 37, 7 : « Si filius in potestate hæres institutus adeat, et emancipato petente bonorum possessionem, ipse non petat, nec conferendum est ei, et ita edictum se habet. »

La *collatio* étant une institution prétorienne le préteur n'appelait à en profiter que ceux qui succédaient *prætorio jure*. Mais s'en était-on tenu à cette idée, et n'avait-on point admis que le *suus* avait droit à la *collatio* par cela seul qu'il éprouvait un préjudice? Les textes ne sont point d'accord sur ce point. La loi 10 elle-même, que nous venons d'invoquer pour déterminer les dispositions de l'édit, nous montre que Scévola obligeait l'émancipé à la *collatio* lors même que le *suus* succédait *jure civili;* « sed magis sentio, ut quemadmodum pro parte hæreditatem retinet jure eo quod bonorum possessionem petere posset, ita et conferri ei debeat : utique quum injuriam per bonorum possessionem patiatur. » D'autres textes, au contraire, veulent que le *suus* succède par la *bonorum possessio.* « Inter eos dabitur collatio quibus possessio data est. » (L. I, § 1, D. 37, 6.) La même loi, § 8, pose l'espèce suivante : Le *de cujus* a institué un héritier sien et omis un émancipé. L'héritier sien est mort : ses héritiers ont-ils droit à la *collatio?* Ils peuvent la demander si le *suus* est mort « bonorum possessione accepta; » ils ne le peuvent point, au contraire, s'il est mort « ante acceptam bonorum possessionem, quia bonorum possessio admissa non est. » Donc, pour avoir droit à la *collatio*, il faut avoir la *bonorum possessio.* En présence de ces textes, Favre a soutenu que la loi 10 était interpolée. Il s'étonne que Scévola, après avoir donné une décision conforme au texte de l'édit, s'en écarte si rapidement : « Non video quid causæ fuerit cur tam cito et post confirmatam ex edicto sententiam, debuerit ille non tantum ab edicto sed etiam a se ipso diffidere. » (Favre, décad. XL, err. X.) Mais c'est là un procédé fort usité : après avoir rappelé les termes d'un texte, on se fonde sur son esprit pour donner une décision contraire à sa lettre. Il n'est donc point nécessaire d'admettre une interpolation : il nous paraît plus simple de dire que Scévola s'écartait du texte de l'édit, tandis que d'autres jurisconsultes y restaient plus fidèles.

Lorsque le préteur par la *restitutio in integrum* permet à quelqu'un de demander la *bonorum possessio* qu'il avait omis de demander, il lui donne droit à la *collatio*.

Un posthume sien peut avoir droit à la *collatio*. La veuve est envoyée en possession *ventris nomine* des biens qui devront revenir à l'enfant, mais la *collatio* n'a pas lieu immédiatement : « antequam nascatur, non potest dici in potestate morientis fuisse, sed nato confertur. » (L. XII, D. 37, 6.)

Enfin un émancipé conteste à un impubère la qualité de *suus*. En attendant le jugement qui est retardé jusqu'à la puberté, il y a lieu à la *collatio;* mais l'émancipé peut se faire donner une caution qui lui garantisse la restitution de l'hérédité et des biens dont il a fait la *collatio*. (L. III, § 1, D. 37, 6.)

§ 3. — Objet de la *collatio*.

Les enfants émancipés doivent aux *sui* les biens qu'ils auraient acquis au père de famille, s'ils fussent restés en puissance.

Ils doivent ces biens dans l'état où ils se trouvent à la mort du *de cujus*. (L. VI, C. 6. 20.) Il en résulte qu'ils ne doivent point les biens sortis à ce moment de leur patrimoine; toutefois si c'était par dol qu'ils avaient diminué leur patrimoine, ils devraient la *collatio*. (L. I, § 23, D. 37. 6.) Cela est conforme au principe posé par la loi 150, D. 50, 17 : « Parem esse conditionem oportet ejus qui quid possideat vel habeat, atque ejus, cujus dolo malo factum sit quominus possideret, vel haberet; » mais il faut qu'ils aient diminué leur patrimoine; s'ils avaient seulement manqué de s'enrichir, il n'y aurait plus lieu à la *collatio*. Il y a là quelque chose d'analogue aux règles de l'action paulienne : « non fraudantur creditores quum quid non acquiritur a debitore, sed quum quid de bonis diminuitur. » (L. 134, D. 50, 17.)

A partir de la mort du *de cujus*, au contraire, l'émancipé répond non-seulement de son dol, mais de sa faute; les cas fortuits sont à la charge de la succession. (L. 2, § 2, D. 37, 6).

Suivant le principe, « bona non intelliguntur nisi deducto œre alieno », on déduit les dettes de l'émancipé pour former la masse sujette à la *collatio*. (L. II, § 1,

D. 37, 6; et L. 6, C. 6, 20.) Quand aux dettes conditionnelles, cependant, on ne les déduit point : mais les *sui* doivent donner caution de garantir l'émancipé contre la poursuite des créanciers pour la part qui leur revient dans les biens soumis à la *collatio*.

Revenons à notre principe : la *collatio* comprend les biens qui composent le patrimoine de l'émancipé à la mort du *de cujus*. Il peut se présenter des difficultés pour savoir si tel ou tel bien se trouvait dans le patrimoine à la mort du *de cujus*.

Ainsi l'émancipé créancier sous condition à la mort du père doit la *collatio*. Dans les obligations conditionnelles, la condition accomplie a un effet rétroactif. Il en serait différemment en matière de legs : la condition accomplie n'a point d'effet rétroactif. (L. 2, §3, D. 37. 6.)

L'émancipé doit aussi *conferre* le legs que lui fait un tiers *cum pater morietur* : le *dies cedit* a lieu en effet du vivant du père. (L. 1, § 18, D. 37, 6.) Il ne doit pas au contraire *conferre* le legs que lui fait un tiers *post mortem patris*, parce que le *dies cedit* n'a lieu qu'après la mort du père.

Le legs *cum pater morietur* est soumis à la *collatio*, le fidéicommis *cum pater morietur* imposé au père au profit de son fils émancipé en est au contraire dispensé. (L. 1. § 19, D. 37, 6.) Cette loi suppose qu'un père a été institué héritier à charge de rendre à son fils émancipé *cum morietur*. Le fils devra-t-il rapporter ce fidéicommis? Non. Pour rendre valable le fidéi-

commis *cum pater morietur* fait en faveur d'un fils
en puissance, on interprétait ce fidéicommis comme
s'il eût été fait *post mortem patris*. Il résulte de cette
interprétation que le fidéicommis *cum pater morietur*
laissé à un fils en puissance lui fût demeuré propre;
l'émancipé ne devra donc point la *collatio* de ce
même fidéicommis, car il ne doit *conferre* que les
biens qu'il eût acquis au père de famille s'il fût resté
en puissance. (*Pand.*, lib. XXXVII, tit. vi, art. 3, § 2,
note 8.)

C'est encore de fidéicommis qu'il est question dans
la loi 11, D. 37,6. « Paulus respondit ea quæ post
mortem patris filio reddi debuerunt, emancipatum
filium, quamvis prius consecutus sit, quam deberentur,
fratri qui in potestate patris relictus est, conferre non
debere : cum post mortem patris non tam ex dona-
tione quam ex causa debiti ea possidere videatur. » Il
s'agit de biens compris dans un fidéicommis qui ont
dû être remis au fils émancipé *post mortem patris*. Ils
lui ont été remis de son vivant. Doit-il la *collatio!*
Non : « post mortem patris ex causa debiti ea possidere videtur. » Au moment de la mort du père il a
entre les mains les biens compris dans le fidéicommis,
mais régulièrement il ne devait les avoir que *post
mortem patris :* la restitution anticipée qui lui en a
été faite ne peut lui nuire. Cujas a proposé une autre
explication. Il s'agit, suivant lui, d'une stipulation
dont l'échéance aurait été reportée par le fils émancipé
après la mort de son père. et dont il aurait recueilli le

bénéfice avant cette époque. (L. XI., D. 45,3 par analogie.) Un fils de famille aurait conservé pour lui le
bénéfice de cette stipulation, il doit en être de même
de l'émancipé. Mais le mot *reddi* ne semble nullement
indiquer qu'il s'agisse ici d'une stipulation. (Cujas, *ad
leg.* 11, D. 37, 6, *in* lib. XI *Resp.* Pauli.)

Il y a certains cas où des personnes qui ne possé-
daient rien à la mort du *de cujus* devront la *collatio*
(L. II, *pr.* D. 37, 6). Ainsi un posthume succède par
représentation de son père émancipé à son aïeul. Il
devra la *collatio*, parce qu'étant considéré comme né
pour recevoir la *bonorum possessio*, il ne peut se faire
considérer comme inexistant pour se soustraire à la
collatio. Il rapportera les biens qui eussent composé son
patrimoine s'il eût été né lors de la mort de son aïeul,
c'est-à-dire les biens recueillis par lui dans la succession de son père, à titre d'héritier ou de légataire.

L'enfant émancipé, captif chez l'ennemi, ne possé-
dait rien à la mort de son père; mais par l'effet du
postliminium, il est censé avoir conservé ses droits
sans interruption. Il devra donc la *collatio* des biens
qu'il aurait eus à la mort de son père, s'il avait été
libre. (L. I. § 17, D. 37, 6.) La *collatio* est due aussi
par le *redemptus ab hostibus*, c'est-à-dire par celui
qui, racheté de captivité, restait, à titre de gage, soumis au pouvoir de celui qui avait payé sa rançon.
L'effet du *postliminium* était suspendu jusqu'à sa libération.

L'émancipé doit encore la *collatio* de certains biens

qu'il conserve plutôt qu'il ne les acquiert. Ainsi un émancipé a un fils auquel appartient un pécule *castrens*. Il ne doit point la *collatio* de ce pécule à la mort du grand-père, car le pécule *castrens* est le patrimoine du fils de famille. Si le fils qui avait un pécule *castrens* était mort intestat avant le grand-père, le père en devrait la *collatio* comme de ses autres biens. Si le fils était mort après le grand-père, mais avant que la *collatio* ait été faite, le père devrait encore remettre à la masse de la succession le pécule *castrens*, (L. 1, § 22, D. 37, 6). Il est censé en avoir toujours été propriétaire, *postliminii cujusdam similitudine* (L. XIX, § 3, D. 49, 17).

Si le pécule *castrens* forme un patrimoine pour le fils de famille, il en est de même de la dot pour la fille. Aussi les lois IV, D. 37, 6, et I, § 9, D. 37. 7, décident que le père émancipé ne doit point la *collatio* de la dot de sa fille, « quia dos non est in bonis patris. » Toutefois, si le mariage était dissous par le prédécès de la femme au moment de l'ouverture de la succession du grand-père, le fils émancipé devrait *conferre* la dot *profectice* qui serait rentrée dans son patrimoine.

Il y a enfin certains biens dont l'émancipé ne doit point la *collatio*, parce que s'il fût resté en puissance ils lui seraient demeurés propres.

Ainsi l'émancipé ne doit point la *collatio* des acquisitions qui lui eussent constitué un pécule *castrens* s'il fût resté en puissance du père de famille (L. I. § 15, D. 37, 6). Cette loi parle même du pécule *quasi-cas-*

trens, mais par suite d'une interpolation, car c'est Constantin qui a introduit le pécule *quasi-castrens*.

Le mari ne doit pas non plus la *collatio* de la dot qu'il a reçue de sa femme (L. I, § 20, D. 37, 6). « Emancipatus filius, si dotem habeat ab uxore acceptam, hoc minus confert, etsi ante uxor decesserit. » Pendant le mariage *dos filiæ patrimonium est*, on comprend que le mari ne puisse devoir la *collatio*. Après la dissolution du mariage par le prédécès de la femme la dot retourne au constituant si elle est profectice ou réceptice; elle reste au mari si elle est adventice. Doit-il alors la *collatio*? Non, d'après notre texte, Et le motif en est donné par la L. III, § 4, D. 37, 6: « Sicut is qui in potestate est dotem uxoris præcipit; ita emancipatus quoque, quasi præcipiat, retinere debet. » Il ne faut pas restreindre notre loi au cas où la femme serait morte après le décès du père émancipateur : il n'y aurait alors qu'une application du principe que les biens soumis à la *collatio* sont seulement ceux dont on était propriétaire à la mort du *de cujus*. Le texte est général, il suppose la dissolution du mariage par le prédécès de la femme, sans distinguer si la femme est morte avant ou après le père émancipateur.

L'émancipé ne doit pas non plus la *collatio* de ce qu'il a reçu *dignitatis nomine*. (L. I, § 16, D. 37, 6,) Nous verrons qu'au Bas-Empire la *militia* fut soumise à la *collatio*, mais la *militia* est dans le patrimoine, s'achète, passe à l'héritier, tandis que la *dignitas* n'est point dans le patrimoine. (Cujas, *ad hanc leg.*; *in* lib. XIII, *Quest.* Papin.)

Enfin, il faut encore exclure de la *collatio* les actions personnelles à l'émancipé, ainsi l'action d'injures qui est intransmissible héréditairement : « magis enim vindictæ quam pecuniæ habet persecutionem. » (L. II, § 4, D. 37, 6.) L'*actio furti*, au contraire, passe à l'héritier du volé et serait comprise dans la *collatio*. (Inst. liv. IV, tit. 12, § 1.)

L'impubère adrogé qui a été émancipé sans juste cause ou exhérédé même avec juste cause, a droit à la quarte Antonine. Si un adrogé qui a droit à la quarte Antonine demande la *bonorum possessio* sur la succession de son père naturel, il doit la *collatio*. (L. I, § 21, D. 37. 6.) Il a en effet, une action qui n'est point exclusivement attachée à sa personne. Mais pour qu'il doive la *collatio*, il faut que l'hérédité de l'adrogeant se soit ouverte avant celle du père naturel, car, dans le cas contraire, « præmatura est spes collationis, quum adhuc vivat is cujus de bonis quarta debetur. »

§ 4. — Comment s'exécute la collatio?

La *collatio* peut se faire de différentes manières ; *cautione*, *re*, ou *remissione*. (L. I, § 11, D. 37.6 et L. V, D. 6. 20.)

L'édit du préteur demandait une *cautio*. (L. I, § 9 et § 11, D. 37. 6.) « Jubet prætor ita fieri colla-

tionem ut recte caveatur, » c'est-à-dire qu'il ne se
contente pas d'une *nuda promissio*, mais demande
l'adjonction de fidéjusseurs. Il suffirait toutefois de
donner des gages, ce qui est remarquable, car en
principe, « prætoriæ satisdationes personas desiderant
pro se intervenientium, neque pignoribus quis in vicem
satisdationis fungitur, » (L. VII, D. 47, 5.)

La *collatio* peut aussi se faire *re*, c'est-à-dire par
l'apport des biens. Toutefois, ce procédé ne peut-être
employé que si l'on est d'accord sur les biens à *conferre* ; en cas de contestation, l'émancipé doit fournir
cautio propter incertum. (L. I. § 11, D. 37, 6.)

On peut aussi exécuter la *collatio* en partie *re* en
partie *cautione*.

Enfin la *collatio* peut se faire *remissione*, c'est-à-
dire en moins prenant, ou par délégation de la part de
l'émancipé dans une créance paternelle, ou par *datio
in solutum* (L. I, § 12, D. 37, 6.)

A quel moment doit être fournie la *cautio* ? Faut-il
l'avoir donnée pour obtenir la *bonorum possessio* ?
Paul est de cet avis dans ses sentences (L. V, t. 9 §
4.) Mais une loi du même jurisconsulte (L. II, § 9. D.
37, 6) suppose que la *bonorum possessio* peut être accordée avant que la *cautio* ait été fournie. Tel était
aussi l'avis de Julien (L. III, pr. D. 37, 6) : « Prætor
non sub conditione collationis bonorum possessionem
promittit, sed demonstrat quid data bonorum possessione fieri oportet. »

L'émancipé, qui a fourni *cautio*, mis en demeure,

doit exécuter la *collatio* dans un certain délai; sinon il est condamné «quanti ea res erit.» (L. V, § 1, 2, 3, D. 37, 6.)

Si après avoir fourni *cautio*, l'émancipé renonce à demander la *bonorum possessio* et qu'il soit poursuivi par le *suus*, « ipso jure tutus erit. » S'il avait fait la *collatio* en nature, il aurait la *condictio*. (L. III, § 5, D. 37, 6.)

L'émancipé, après avoir obtenu le *bonorum possessio* peut ne point fournir la *cautio*. On distingue si c'est *per inopiam* ou *per contumaciam*.

Au premier cas, on n'enlève pas immédiatement la *bonorum possessio* à l'émancipé, on lui laisse le temps de trouver des *fidéjusseurs*, mais les *sui* peuvent vendre les biens susceptibles de se détériorer, en donnant *cautio* d'en rendre la valeur, si l'émancipé exécute la *collatio*. (L. II, § 9, D. 37, 6.) On peut encore (L. I, § 10, D. 37, 6) constituer un curateur de la portion héréditaire appartenant à l'émancipé qui lui rendra ces biens lorsqu'il aura fait la *collatio*.

Au deuxième cas, on refuse à l'émancipé sa part héréditaire, pour le traiter comme s'il n'avait pas obtenu la *bonorum possessio*. Sa part héréditaire reste aux *sui* (L. III, § 8, D. h. t. et L. II C. 6, 20). Il en serait de même s'il avait accompli la *collatio* à l'égard de l'un des *sui* et non à l'égard de tous : « non enim cavisse videtur qui non omnibus cavit. » (L. I, § 13, h. t.)

Si après avoir refusé la *collatio*, l'émancipé est disposé à s'y soumettre, on lui permet de revenir sur son refus. « Nonnunquam prætor variantem non repellit et consilium mutantis non aspernatur.., cum de bonis parentis inter fratres disputetur. » (L. I, § 10, et L. VIII, h. t.) Cette dernière loi qui est de Papinien est contraire à un principe posé par le même jurisconsulte « nemo potest mutare consilium in alterius injuriam. » (L. LXXV, D. 50, 17.) Il faisait une exception dans cette hypothèse : « de bonis parentis inter fratres disputatur. »

Voyons maintenant comment se répartissent les biens soumis à la *collatio*.

L'émancipé ne doit la *collatio* qu'aux héritiers siens auxquels il cause un préjudice.

Dans les biens apportés, il prend une part virile et en laisse une à chacun des *sui ;* on ne tient pas compte des autres émancipés. Un émancipé qui a deux frères *sui* prend un tiers dans les biens soumis à la *collatio* et laisse un tiers à chacun de ses frères. S'il y a plusieurs émancipés, deux émancipés, par exemple, et deux *sui*, chacun des émancipés prend encore un tiers et laisse un tiers à chacun de ses frères *sui* dans les biens qu'il apporte. Ici l'émancipation de leurs frères profite aux *sui*, car, en supposant que les émancipés fussent restés en puissance du père de famille, les *sui* n'eussent pris qu'un quart chacun dans les biens acquis par chacun de leurs frères. Ils ne devraient point prendre davantage dans les biens apportés et chaque

émancipé devrait conserver le surplus de ses biens.
(L. III, § 2, D. h. t. et L. II, § 5, D. h. t.)

Lorsque les petits-enfants *sui* succèdent par représentation, les émancipés ne leur doivent qu'une part
dans les biens qu'ils apportent : de même, lorsque des
petits-enfants émancipés succèdent par représentation, ils doivent la *collatio* « quasi omnes unus essent. » (L. VII, h. t.) Ainsi le *de cujus* laisse deux
petits-enfants *sui* et un fils émancipé : ce dernier leur
devra moitié de ses biens. Et si le *de cujus* laisse deux
petits-enfants émancipés et un fils *suus*, les émancipés
devront chacun moitié de leurs biens, et non le quart,
quoique chaque émancipé ne vienne individuellement
à la succession que pour un quart : « quia et si vivo
avo, cum ejus in potestate essent, ducenta (puta) ad-
quisissent, centum filius centum duo fratres per hæreditatem avi haberent. » (L. II, § 7, D. 37, 6.)

Par suite de l'édit *de conjungendis cum emancipato
liberis ejus*, le père émancipé venant en concours
avec ses enfants *sui*, leur enlève la moitié des biens
qui leur seraient revenus; il leur devra la moitié de
ses biens; ces enfants comptent encore « quasi omnes
unus essent. » (L. I, § 13, D. 37, 8, et L. I, § 14,
D. 37, 8.)

Nous avons vu que les biens de l'émancipé se dis-
tribuaient par portions viriles entre lui et chaque *suus*
ou chaque souche; il peut arriver que, si l'émancipé
vient à deux successions, celle de son père et celle de
son aïeul, morts ensemble, il ne conserve rien de ses

biens. Ainsi, un petit-enfant émancipé d'un fils émancipé à la *bonorum possessio* de la succession de son
père et de son aïeul, morts ensemble, et ayant laissé
chacun un héritier sien : si l'émancipé a 100 de biens
personnels, il devra 50 à chacun des *sui*, (L. II, § 6,
D. 37, 6.)

Ici, l'émancipé ne garde point sa part virile ; il
peut arriver qu'il garde plus que sa part virile. Ainsi
un *suus* est institué pour trois-quarts, un étranger pour un quart. Un enfant émancipé fait tomber le
testament et prend moitié de la succession : il n'enlève
au *suus* que un quart, puisque l'autre quart était attri-
bué à un étranger. Il ne devra qu'un quart, le préjudice causé au *suus* étant d'un quart. C'est ce que nous
entendons par ces mots : « pro quadrante tantum sua
bona collaturum, quia solum quadrantem fratri abstu-
lit. » Cependant Cujas (*Observat.*, t. III), pense qu'il
faut entendre autrement les mots *pro quadrante* :
« Putem conferre tertiam, itaque accipiendum esse,
§ si ex quadrante; ut pro rata quadrantis ablati conferat, sed ita ut quum hic quadrans triens sit portionis
suo adscriptæ, et trientem ei conferat... Vis tertiam
hæreditatis meæ, confer tertiam tuorum bonorum. »
La première interprétation nous paraît préférable. Elle
est plus simple et paraît résulter plus directement de
notre texte. D'ailleurs si le *suus* avait été institué pour le
tout, l'émancipé omis lui enlevant moitié de l'hérédité
lui eût dû moitié de ses propres biens : ici le *suus* est
institué pour trois quarts, l'émancipé omis ne lui enle-

vant qu'un quart de l'hérédité, ne lui devra qu'un quart de ses biens. (L. I, § 3, h. t.)

—

CHAPITRE II

COLLATIO DOTIS
(Dig. 37, 7.)

§ 1er. — Fondement de la *collatio dotis*.

La dot formait pour la fille une sorte de patrimoine ; pendant le mariage elle produit des revenus ou des fruits de la dot ; à la dissolution du mariage, en cas de divorce ou de prédécès du mari, elle recouvrait sa dot profectice ou adventice. Les jurisconsultes disaient que la dot appartient à la fille : « Dos ipsius filiæ proprium patrimonium est, ipsius et filiæ dos est. » (L. III, § 5, D. 4, 4. — L. II, § 1 et 2, et L. III, D. 24, 3. — L. XIV, D. 35, 2.)

Il en résulte que le préteur soumit la fille émancipée à la *collatio* de sa dot comme de ses autres biens ; il ne trouva point juste qu'elle vînt prendre part aux acquisitions de ses frères sans les faire profiter de sa dot.

Mais à côté de cette *collatio dotis* imposée à la fille émancipée, qui n'est autre que la *collatio bonorum*, le préteur introduisit une nouvelle *collatio dotis*. Elle est imposée à la fille *hæres sua*. De même que les émancipés pouvaient avoir des biens en propre, la fille *sua* pouvait avoir une dot. Le préteur trouva juste qu'elle en tint compte à ses frères et sœurs. Elle leur devait la *collatio* de sa dot, soit adventice, soit profectice. Mais la *collatio* de la dot adventice, au moins dans l'opinion qui prévalut (L. IV, C. 6, 20), n'était due qu'aux héritiers siens, tandis que la *collatio* de la dot profective était due même aux émancipés. Ainsi on distingua d'où venait le bien, et, lorsque la dot fut profectice, on ne voulut pas qu'un enfant eût une part plus forte qu'un autre dans la fortune paternelle; on présuma que le père n'avait point voulu l'avantager. On peut donc appliquer le mot de rapport à la *collatio* de la dot profectice. C'est un bien sorti du patrimoine du père qui y rentre dans un intérêt d'égalité entre tous les enfants.

§ 2. — **Entre quelles personnes a lieu la *collatio dotis* ?**

1° Qui doit la *collatio* ?

Primitivement la fille *hæres sua* (nous ne nous occupons ici que de la *collatio dotis* proprement dite), ne dut la *collatio* que si elle venait à la succession par la *bonorum possessio*. Mais Antonin-le-Pieux décida qu'il en serait de même si elle se contentait du titre d'*hæres sua*. (L. 1, pr., D. 37, 7.)

La fille instituée héritière ne doit pas la *collatio*. (L. III, h. t.) Toutefois le père peut l'y soumettre dans son testament. (L. VII, C. 6, 20.) Si l'institution de la fille demeure sans effet parce que l'omission d'un enfant donne ouverture à la *bonorum possessio contra tabulas*, la fille doit encore la *collatio* quand elle recueille par la *bonorum possessio* une part plus forte que celle pour laquelle elle était instituée. Mais elle peut se soustraire à la *collatio* en se contentant de la part pour laquelle elle était instituée. (L. III, h. t.)

La loi V suppose que le *de cujus* a institué une fille et un fils, omettant un enfant émancipé. Au lieu de demander la *bonorum possessio contra tabulas*, celui-ci a demandé la *bonorum possessio unde liberi*. Suivant son exemple, les institués ont demandé la même *bonorum possessio*. La fille ne doit cependant point la *collatio* : « Bonorum possessio unde liberi fingitur pro contra tabulas esse petita », et elle ne recueille point une part plus forte que celle pour laquelle elle avait été instituée. C'est l'application de la même idée que dans la loi III.

Alors même que le père n'a point fait de testament, la fille peut être dispensée de la *collatio* par des codicilles, il suffit même que son intention soit manifestée par les dispositions mêmes de ces codicilles. Ainsi un père a partagé, par des codicilles, tous ses biens entre ses enfants, mais il a laissé beaucoup plus à son fils qu'à sa fille. (L. XXXIX, § 1, D. 10, 3.) Scévola décide que la *collatio* de la dot n'est point due : « Ex eo quod pater totum suum patrimonium diviserit et plus filio quam filiæ reliquerit, colligitur testatorem voluisse ut quod plus filio reliquit, esset vice ejus quod filia fuisset collatura. » (Pothier. *Pand.*, lib. XXXVII, tit. vii, § 1. Voy. note 1.)

En s'abstenant de l'hérédité paternelle, la fille se dispense encore de la *collatio*. *Jure civili* elle est *hæres sua*, mais elle a le bénéfice d'abstention qui, comme la *collatio*, est une institution prétorienne.

Il paraît qu'il y avait eu des difficultés à admettre, qu'en s'abstenant la fille se dispensât du rapport de la dot profectice. La loi IX h. t. nous parle de cette question sans nous indiquer quel fut le motif de douter : probablement on avait considéré la dot profectice comme un avancement d'hoirie qu'elle ne pouvait conserver qu'à la condition d'être héritière.

2° A qui est due la *collatio*?

Il y a une importante distinction à faire suivant que la dot est profectice ou adventice. La fille rapporte sa dot profectice aux *sui* et aux émancipés, elle ne rapporte sa dot adventice qu'aux héritiers siens. Toutefois il y avait eu désaccord entre les jurisconsultes. C'est une constitution de Gordien (L. IV, C. 6, 20) qui a tranché la difficulté en faisant cette distinction remarquable entre la dot profectice et la dot adventice. Pour la première fois nous voyons le rapport dû à un émancipé. Cette distinction entre la dot profectice et la dot adventice vient de ce que la dot profectice était sortie du patrimoine du père et devait y retourner en cas de dissolution du mariage par la mort de la fille : on a trouvé juste de la faire rentrer dans la masse commune.

La *collatio dotis* n'est due qu'à ceux dont la part est diminuée par suite de la présence de la fille. Ainsi le *de cujus* laisse un fils, un petit-fils et une petite-fille dotée, nés d'un autre fils. La petite-fille doit seulement le rapport à son frère. (L. I, § 2, h. t.) Si le *de cujus* n'a laissé qu'une petite-fille dotée, un frère, et des petits-enfants d'un autre fils, la petite-fille devrait la *collatio* à ce frère et à ces petits-enfants. (L. I, § 3.) Enfin deux petites-filles de différents pères doivent la *collatio* à leur oncle et se la doivent entre elles. Issues du même père, elles se doivent la *collatio* entre elles. (L. I, § 4.)

§ 3. — Comment se fait la *collatio* ?

Il faut distinguer si la dot a été livrée ou promise.

Si la dot a été livrée au mari et que le mariage dure encore, en ce cas le rapport ne peut se faire en nature; le mari ne peut faire à sa femme une restitution de dot anticipée; ce serait une libéralité prohibée. (L. I, C. 5, 19.) Le rapport se fera donc en moins prenant. (L. V, C. 6, 20.)

Si le mariage est dissous par la mort du mari ou le divorce, le rapport se fait en nature. On tient compte des impenses nécessaires, *quæ ipso jure minuunt dotem :* quant aux dépenses utiles, on n'en tenait point compte à la femme, bien qu'elle dût les rembourser à son mari qui avait le droit de rétention pour ces impenses, au moins quand elles avaient été faites du consentement de la femme. (L. VII, § 1, D. 25, 1, et L. VIII, *ibid.*; Pothier, *Pand.*, lib. 25, tit. 1, § 2, 10, notes 9 et 11.)

En cas d'insolvabilité du mari, la femme n'est obligée de rapporter que ce qu'elle peut recouvrer de son mari. (L. 1, § 6, D. h. t.) Toutefois il paraît que cette décision fut assez mal observée; Justinien régla à nouveau cette question. (*Nov.* 97, c. 6.)

Lorsque la dot au lieu d'avoir été livrée, ce que nous avons supposé jusqu'ici, a été seulement promise, la fille dotée doit libérer ses frères de la part qui leur incombe dans la dette de la dot. (L. 1, § 8, D. h. t., et L. 11, C. 6, 20.) Si la dot avait été promise par un tiers, elle donnait caution d'apporter sa dot quand elle l'aurait reçue. Enfin, si son père lui avait promis une dot conditionnellement, elle devait encore donner une caution. (L. 1, § 7, D. 37, 7.)

DEUXIÈME PARTIE

DROIT DU CODE ET DES NOVELLES

Il nous reste à voir ce que sont devenues les institutions que nous venons d'étudier, comment l'une se restreignant sans cesse par suite de l'extension de la capacité des fils de famille finit par n'avoir plus d'application, tandis que l'autre se développant progressivement, tendant de plus en plus à l'égalité, ne comprenant que des biens venus des ascendants, constitua un véritable rapport.

Nous étudierons d'abord ces deux institutions dans le droit du Code, puis dans le droit des Novelles.

CHAPITRE I.

DROIT DU CODE.
(Liv. VI, tit. 20)

§ 1er. — *Collatio bonorum.*

La *collatio bonorum* comprenait dans le droit classique tous les biens de l'émancipé, à l'exception du pécule *castrens*, parce que le pécule *castrens* formait un patrimoine pour le fils de famille. Elle se restreignit successivement par suite de l'introduction des nouveaux pécules. La loi I, D. § 15, dit, comme nous l'avons déjà vu, que le pécule *quasi-castrens* fut soustrait à la *collatio*. A côté du pécule *quasi-castrens* s'introduisit le pécule adventice, qui dans ses développements successifs finit par atteindre sous Justinien tout ce que le fils acquérait *aliunde quam ex re patris*. La *collatio* fut encore restreinte. « ... Ut castrense peculium in commune conferre in hæreditate dividenda, et ex prisci juris auctoritate minime cogebantur; ita et res aliæ quæ minime parentibus acquiruntur, proprias liberis manere censemus. » (L. XII, C. h. t.)

Il semble dès lors qu'il n'y eut plus de différence entre la capacité des fils de famille et celle des émancipés, en sorte que la *collatio bonorum* aurait disparu. Cependant une importante paraphrase des Basiliques dit : « Hodie igitur liberi emancipati fratribus suis profectitia tantum et usumfructum adventitiorum conferunt. » (XLI, 7, 36.)

On a soutenu en effet que les émancipés devaient encore rapporter aux *sui* l'usufruit des biens adventices et les donations profectices.

L'usufruit du pécule adventice appartient au père de famille, a-t-on dit, tandis que l'enfant émancipé en a la jouissance. Il y a là une différence de capacité de nature à justifier un rapport. Toutefois, comme on ne peut demander aux émancipés de rapporter tous les fruits qu'ils ont perçus des biens adventices, ils devront seulement les fruits extants. Nous ne pensons point cependant que l'on doive admettre ce rapport. Justinien, dans la loi XXI, soustrait à la *collatio* les biens adventices ; si les fruits de ces biens avaient dû y rester soumis, il l'aurait dit. Remarquons d'ailleurs qu'il n'y a point une différence de capacité bien notable entre l'émancipé et le *suus* au point de vue des biens adventices, car le père peut abandonner au *suus* les revenus de ces biens. (L. VI, § 2, C. 6, 61.)

On a soutenu aussi que l'émancipé devait rapporter les donations qu'il pouvait avoir reçues de son père. Ici on ne se fonde plus sur une différence de capacité pour exiger le rapport. En effet, dans l'ancien droit, le fils de famille ne pouvait recevoir une donation de son père, mais on admit que la donation serait confirmée lorsque le père serait mort sans avoir manifesté l'intention de la révoquer. (Frag. du Vatican, §§ 274,

277, 278, 281. Paul. *Sent.* V, 11, 3. L. XXV, C. 5,
16.) Le fils de famille pouvant recevoir une donation
de son père, il semble que l'émancipé ait dû pouvoir
conserver la donation que son père lui avait faite. Cependant la loi XVII, C. h. t. oblige, dit-on, à donner
une décision différente; elle dit que l'émancipé doit
rapporter les biens qu'il a reçus de son père, et elle
nous donne d'ailleurs l'état du droit sous Justinien,
car ces derniers mots ont dû être corrigés par les ré-
dacteurs du Code. Elle n'impose en effet à l'émancipé
l'obligation de rapporter que les biens qu'il a reçus de
son père; or du temps de Léon le pécule adventice
n'avait point encore compris tout ce qui provenait à
l'enfant *aliunde quam ex re patris.* — Il nous paraît
en effet impossible de contester que sous Léon la donation profectice ait dû être rapportée, mais nous ne
croyons point qu'il en soit de même du temps de
Justinien. En effet la loi XXI dit que de même que
dans l'ancien droit le pécule *castrens* n'était point
soumis à la *collatio*, l'enfant émancipé peut conserver
les biens que l'enfant en puissance acquiert. Cette idée
très-générale permet de décider que la donation profectice n'est point soumise au rapport. Et nous ne
mettons point ainsi la loi XXI en opposition avec la
loi XVII. Car il n'est point évident que cette loi ait été
corrigée par les commissaires de Justinien. On peut
admettre que les derniers mots de la loi XVII sont
seulement énonciatifs et non limitatifs.

§ 2. — Nouvelle *collatio* des descendants.

Nous venons de voir ce qu'était devenue la *collatio bonorum :* que devint la *collatio dotis?*

Par suite de l'extension du pécule adventice, la *collatio* de la dot adventice devait disparaître. En effet, nous avons vu que la *collatio* de la dot adventice était fondée sur cette idée que la fille acquérant la dot en propre devait la remettre à la masse, pour la partager avec les héritiers siens. Mais quand les héritiers siens purent acquérir en propre les biens adventices la fille dut être dispensée de rapporter la dot adventice.

Elle devait toujours la dot profectice aux *sui* et aux émancipés.

Cependant la *collatio* de la dot profectice elle-même se modifia et se confondit avec la *collatio* des descendants dont il nous reste à parler.

Elle est fondée sur l'idée d'égalité entre tous les enfants; c'est ce que dit Zénon dans la loi XVII, C. h. t. « Ut liberis... æqua lance parique modo prospici possit... æquitatis studio... »

Elle est due par tous les enfants *sui* ou émancipés succédant à un ascendant paternel ou maternel, à tous les enfants *sui* ou émancipés. Nous sommes bien loin, par conséquent, de l'ancienne *collatio bonorum* ou de l'ancienne *collatio dotis*, puisque la nouvelle *collatio* pourra être due même par des émancipés à des émancipés.

Elle ne s'applique qu'à des biens provenant de l'ascendant de cujus. Quels sont ces biens? Ce sont d'abord la dot et la donatio *ante nuptias*, d'après la loi XVII, C. h. t. « Dos vel ante nuptias donatio ex substantia ejus profecta conferatur. »

Justinien fit entrer de nouveaux biens dans la *collatio*. Il décida par la loi XX C. h. t. que tout ce qui s'impute sur la quarte légitime est assujetti au rapport. On imputait sur la quarte légitime les legs, les fidéicommis, les donations à cause de mort, (*Inst.* l. II, tit. 18. § 6.), les donations entre-vifs sous condition d'imputation sur la quarte (L. XXV, D. 5. 2.), la dot et la donation *ante nuptias*, enfin sous Justinien la donation *ad militiam emendam.* (L. XXX, § 2, C. 3. 28.) Toutes ces dispositions sont-elles soumises au rapport? Nous ne le pensons point : les legs, les fidéicommis, les donations à cause de mort ne doivent point tomber sous le coup du rapport, car il est de principe que les acquisitions postérieures à la mort du *de cujus* ne sont point soumises à la *collatio*. Justinien fait d'ailleurs remarquer qu'il ne faut pas conclure de ce que telle disposition est soumise au rapport qu'elle est aussi soumise à l'imputation : « minime e contrario tenebit ut quis possit dicere etiam illa quæ conferuntur, omnimodo in partem his computari qui ad inofficiosi querelam vocantur. » Ainsi dans le paragraphe premier de la loi 20 nous allons voir soumettre au rapport la donation simple dans des cas où elle n'était point imputée sur la quarte.

Justinien a décidé en effet (L. XX, § 1, h. t.) que le rapport de la donation simple serait dû dans deux cas : 1° quand le donateur en aurait fait une condition de la donation, 2° quand les frères et sœurs auraient reçu une dot ou une donation *ante nuptias*. Justinien a pensé qu'il serait injuste que l'enfant qui a reçu une donation qui lui tient lieu de dot ou de donation *propter nuptias* ne la rapportât point à ses frères et sœurs qui lui rapportent leur dot ou leur donation *propter nuptias*. « Tunc parens præsumitur compensationis cujusdam vice, ut par esset liberorum causa in filium filiamve qui donationem propter nuptias vel dotem non accepit, donationem simplicem contulisse. ».

Ainsi le rapport des donations n'est dû que dans des cas spéciaux tandis que la dot ou la donation *propter nuptias* doivent être rapportées dans tous les cas. Sans doute on a pensé que le père, lorsqu'il faisait une donation *propter nuptias*, ou donnait une dot à un enfant, remplissait une sorte de devoir, n'avait point une intention marquée de l'avantager comme lorsqu'il lui faisait une donation.

CHAPITRE II.

DROIT DES NOVELLES.

Les *Novelles* contiennent deux décisions importantes relativement à la *collatio*.

1° (*Novelle* 18, c. 6.) Justinien, en 537, décida que le rapport aurait lieu dans la succession testamentaire à moins que le testateur n'eût exprimé une volonté contraire : « nisi expressim designaverit ipse se non velle fieri collationem. C'est le renversement de l'ancienne règle : Justinien a pensé que le père pouvait, dans les derniers instants de sa vie, avoir oublié sa donation, et que sans cela, il l'aurait soumise au rapport. « Justinianus præsumit semper oblivionem excidisse patri, et hoc colore quasi per oblivionem non caverit collationem fieri, inducit generaliter etiamsi de collatione nihil dixerit pater, ex testamento collationem fieri. » (Cujas, t. IX, *de Collat.*)

Mais la *collatio* n'aura lieu même dans la succession testamentaire qu'entre personnes qui se seraient dû la *collatio ab intestat.* Ainsi un petit enfant institué héritier avec son père ne devra point le rapport. Rien n'est changé quant aux personnes entre lesquelles doit avoir lieu la *collatio.* Dans l'hypothèse que nous venons de faire, nous dirons avec Vinnius (c. 8, *de Collat.*) : « Cessat ratio ob quam etiam in testamentaria successione locum habere collationem placuit, nimirum conservatio æqualitatis inter liberos. »

2° (*Novelle* 97, c. 6.) Nous avons déjà vu que l'ancien droit s'était préoccupé de la situation de la femme obligée de rapporter sa dot lorsque son mari était insolvable. Ulpien décidait que la *collatio* ne comprendrait que *id quod ad mulierem potest pervenire : hoc est quod maritus facere potest.* Il paraît que cette décision n'était pas généralement admise. « Novimus in plurimis judiciis mulierem coactam conferre dotem aut certo reputare pro se datam ex qua nullum ei omnino contigit effectum in ipsis rebus recipere. » Aussi Justinien décide-t-il que la femme ne sera tenue de rapporter que l'action qu'elle a contre son mari. Toutefois il faut qu'elle ne soit point en faute : elle peut l'être dans trois cas : la femme *sui juris et perfectæ ætatis* a le droit si son mari gouverne mal ses affaires de se faire restituer sa dot ; la femme *alieni juris* peut demander à son père d'agir en son nom ou de lui permettre d'agir ; elle peut agir elle même si la dot est considérable. Si la femme n'a point fait ce qu'elle pouvait faire, elle continue à devoir le rapport intégral de la dot. Cette décision est l'origine de notre article 1578.

DROIT FRANÇAIS

ANCIEN DROIT

CHAPITRE PREMIER

DROIT ÉCRIT

Les pays de droit écrit avaient adopté les principes du droit romain dans son dernier état. (Merlin, *Rép. Rapport à succession*, § 1, n° 2.) Nous les résumerons ici brièvement :

1° Le rapport n'a lieu que dans la ligne directe descendante.

2° Il a lieu dans la succession testamentaire comme dans la succession *ab intestat*.

3° Le *de cujus* peut en dispenser et l'héritier peut s'y soustraire en renonçant. Mais dans les deux cas la donation n'a son plein et entier effet que si la légitime des autres enfants n'est pas entamée.

4° Les qualités d'héritier et de légataire sont compatibles même dans la ligne directe descendante, malgré l'opinion contraire de Lebrun et de Ricard. Ils prétendaient trouver l'incompatibilité entre les qualités d'héritier et de légataire dans la Novelle 18, c. 6 ; mais elle a seulement pour but d'étendre à la succession testamentaire la *collatio* qui jusque là ne s'appliquait que dans la succession *ab intestat*, et non de modifier l'objet même de la *collatio*. (Merlin, *Rép.*, v° *Héritier*, sect. VI, § 10, art. 1.)

CHAPITRE II

DROIT COUTUMIER

SECTION I

DU RAPPORT EN GÉNÉRAL DANS LES COUTUMES.

La plus grande diversité régnait dans notre ancien droit, entre les différentes coutumes, en ce qui touche la matière du rapport. Sans entrer dans de longs détails, nous devons signaler les différentes classes de coutumes.

1° *Coutumes d'égalité parfaite.* — Dans ces coutumes, le père ne peut avantager un de ses enfants en le dispensant du rapport, et l'enfant lui-même ne peut se dispenser du rapport en renonçant à la succession de son père. Il y a incompatibilité entre les qualités d'héritier et de donataire. Telles étaient les coutumes de Dunois entre toutes personnes, et celles de Touraine, Anjou et Maine à l'égard des non nobles.

2° *Coutumes de simple égalité ou d'option.* — Dans ces coutumes, le père, comme dans les précédentes, ne peut dispenser du rapport, mais l'enfant peut s'en dispenser en renonçant à la succession de son père. Ce sont les coutumes les plus nombreuses : nous citerons seulement celles de Paris et d'Orléans.

Cette faculté de conserver l'avantage reçu en renonçant subsistait, alors même que le don avait été fait expressément en *avancement d'hoirie.* Dumoulin l'avait contesté dans les termes suivants : « Dicta causa (anticipationis) expressa... non licet... filio se tenere ad donationem sibi factam abstinendo a successione, sed necesse habet vel adire vel rem donatam restituere, et solum lucratur fructus perceptos durante vita patris donatoris. » Au contraire, quand la donation n'était pas faite expressément en avancement d'hoirie, le donataire pouvait conserver sa donation en renonçant. « Si causa anticipationis non sit expressa, sed solum tacite insit et præsumatur... tum... liberum est filio, si velit, abstinere ab hæreditate donatoris et dono suo se contentare, nec tenebitur ad aliqua onera hæreditaria... potest etiam si velit succedere, sed conferendo si habeat cohæredes. » Mais l'importance attachée par Dumoulin à l'emploi de l'expression d'avancement d'hoirie ne fut point admise. Lebrun dit en effet : « on juge que l'art. 307 de la nouvelle coutume qui permet de renoncer en se tenant à son don, comprend même ce qui est donné en *avancement d'hoirie*, et nous avons une coutume qui en dispose expressément qui est celle de Montfort art. 150. »

3° *Coutumes de préciput.* — Certaines coutumes au contraire permettaient au donateur de dispenser le donataire du rapport. Telles sont les coutumes du Berry, du Bourbonnais et du Nivernais. Mais il fallait que la dispense de rapport fût expresse. La dispense de rapport est odieuse, dit Lebrun, et par conséquent doit être formelle. (*Succ.* l. III, c. 6, sect. 1 § 10.)

4° *Coutumes prohibant le rapport.* — Il y avait d'autres coutumes, qui, tandis que les précédentes ordonnaient en principe le rapport, sauf dispense, ordonnaient de ne point rapporter, à moins que le disposant n'eût exprimé une volonté contraire. Telles sont les coutumes de Douai, d'Artois, de Hainaut, de Valenciennes qui rejettent le rapport d'une manière générale, la coutume de Chauny qui le rejette dans les donations d'effets mobiliers en faveur de mariage, la coutume de Lille qui le rejette au contraire dans les donations ordinaires, enfin les coutumes de Cambrai, d'Amiens, qui le rejettent lorsque tous les enfants sont mariés au moment de l'ouverture de l'hérédité.

Coutumes muettes. — Il y a enfin des coutumes muettes sur le point de savoir si le donateur peut dispenser du rapport. Ricard (*Traité des donations*, part. 1, n° 647) décide que dans ces coutumes « aucun ne peut être héritier et légataire ou donataire en ligne directe descendante. » Merlin (v° *Rapport d'succes-*

— 47 —

sion, § 2, art. 2, n° 8.) pense que la dispense de rapport devait être permise, que la coutume étant muette sur ce point, il faut se référer au droit romain qui autorise la dispense de rapport.

Pothier appréciant ces différentes coutumes dit : « Les coutumes d'égalité qui ne permettent pas à l'un des héritiers présomptifs de conserver l'avantage qui lui est fait, même en renonçant à la succession du défunt qui le lui a fait, sont celles qui paraissent avoir le mieux conservé l'esprit de notre ancien droit sur ce point.

Nos coutumes en permettant à l'héritier présomptif de conserver les avantages qui lui sont faits en renonçant à la succession, paraissent avoir abandonné en cela l'esprit de notre ancien droit, et en avoir seulement retenu la lettre par cette subtilité que la loi défendant les avantages aux héritiers, celui qui renonçait à la succession, n'étant point héritier au moyen de sa renonciation, ne se trouvait plus compris dans la prohibition de la loi.

Nous ne donnons pas pour cela la préférence aux coutumes d'égalité sur les nôtres, ajoute Pothier ; si les nôtres se sont écartées de l'esprit de notre ancien droit, dont l'observance n'était plus nécessaire depuis que nos mœurs se sont adoucies, elles se sont rapprochées de la liberté du droit naturel qui nous permet de disposer de nos biens à notre volonté, et de témoigner une affection particulière à ceux de nos parents qui ont le mieux mérité de nous, etc. »

Pothier préférait donc les coutumes d'option à celles d'égalité absolue, et les motifs qu'il donne de cette préférence montrent qu'il devait préférer encore les coutumes de préciput aux coutumes d'option. Ce sont elles en effet qui se sont le plus rapprochées de cette liberté du droit naturel qui nous permet de disposer de nos biens à notre volonté, et de témoigner une affection particulière à ceux de nos parents qui ont le mieux mérité de nous. C'est le système des coutumes de préciput que devait adopter le Code Napoléon.

Par suite de cette diversité des coutumes, il pouvait se faire que dans la même succession différents immeubles fussent régis, quant au rapport, par des lois particulières. Ainsi un Orléanais a donné à l'un de ses enfants un héritage situé dans le Dunois, et un héritage situé dans la coutume d'Orléans, l'enfant donataire ne pourra conserver en renonçant l'héritage situé dans le Dunois, régi par une coutume d'égalité parfaite, tandis qu'il pourra conserver l'héritage situé dans l'Orléanais, régi au contraire par une coutume d'égalité simple ou d'option.

Après avoir indiqué les principales différences entre les coutumes, nous nous occuperons maintenant spécialement du rapport dans les coutumes de Paris et d'Orléans qui formaient le droit le plus général des pays coutumiers.

SECTION II

DU RAPPORT DANS LES COUTUMES DE PARIS ET D'ORLÉANS

§ 1er. — Entre quelles personnes a lieu le rapport?

Les mêmes personnes doivent le rapport et y ont droit.

L'art. 304 de la coutume de Paris dit : « Les enfants venant à la succession de père ou mère doivent rapporter ce qui leur a été donné, pour, avec les autres biens de la dite succession, être mis en partage entre eux, ou moins prendre. »

Le rapport n'a donc lieu que dans la ligne directe descendante. Les ascendants n'y sont point soumis, « par la raison, dit Lebrun que la successession leur est moins due. Car moins la succession est due, moins on doit observer l'égalité. » (*Succ.*, l. III. c. 6, sec 2, n° 22.) A plus forte raison les collatéraux ne devront-ils point le rapport. Cependant les coutumes de Chauny, d'Anjou et du Maine avaient des dispositions différentes. L'art. 301 de la coutume de Paris est au contraire formel : « Les qualités de donataire et d'héritier sont compatibles en ligne collatérale. »

Il faut venir à la succession *ab intestat* pour devoir le rapport. Le successeur testamentaire n'y est point tenu.

Le successeur *ab intestat* peut d'ailleurs, comme

nous le savons déjà, se dispenser du rapport en renonçant. « Néanmoins où celui auquel on aurait donné
se voudrait tenir à son don, faire le peut en s'abstenant de l'hérédité, la légitime réservée aux autres enfants. » (Art. 307. *Cout. de Paris.*)

Mais suffit-il d'avoir accepté la succession sous bénéfice d'inventaire et d'avoir fait l'abandon des biens
héréditaires, pour n'être point tenu du rapport ?
Lebrun le pensait. « Le bénéfice d'inventaire ne serait-
il point une grâce imparfaite si l'héritier s'engageant
sur la foi de ce bénéfice dans la discussion des biens
de la succession, et trouvant que la succession est
obérée de dettes et de plusieurs procès... et étant
obligé pour ces raisons de renoncer (c'est-à-dire de
faire l'abandon des biens héréditaires), il perdait les
donations qui lui auraient été faites par le défunt ? Et
même, ne serait-il pas vrai de dire que ce bénéfice
serait un piège dressé par la loi... ? » Plus loin,
Lebrun dit que l'opinion contraire est une « sinistre
interprétation. » Cette opinion contraire était celle de
Pothier. (*Succ.*, c. 3, sect. 3, § 8.) « La renonciation
que fait l'héritier bénéficiaire est plutôt un abandon des
biens qu'il fait aux créanciers qu'une vraie renonciation qu'il fait de la succession... qui semel hæres semper hæres... Le bénéfice d'inventaire, ajoute-t-il plus
bas, consiste à établir une séparation de la personne
de l'héritier et de la succession, et à ne charger des
dettes de la succession que la succession et non la personne de l'héritier; mais l'obligation du rapport n'est

pas une obligation de la succession, mais une obligation propre de l'héritier, quoiqu'elle dépende de la condition de son acceptation de la succession, et par conséquent l'héritier en peut être tenu sur ses propres biens, nonobstant l'abandon qu'il a fait de ceux de la succession. »

Le rapport est dû seulement aux cohéritiers, il n'est point dû aux créanciers de la succession ni aux légataires. Il est en effet établi uniquement pour maintenir l'égalité entre les enfants.

Mais c'est seulement aux créanciers de la succession que le rapport n'est point dû. Or les créanciers de la succession deviennent créanciers des héritiers, lorsque ceux-ci acceptent la succession purement et simplement. Ils ont alors droit au rapport.

D'après Lebrun, dans les coutumes d'égalité parfaite, où le renonçant rapporte, le rapport ne serait point dû au renonçant. Selon lui, il n'y avait que les héritiers auxquels on fût tenu de rapporter : pour mériter le rapport, il fallait honorer le défunt et se déclarer son héritier. (*Succ.*, l. III, ch. 6, sect. 2 n° 65.) D'autres pensaient que la coutume voulait l'égalité absolue entre les enfants, soit qu'ils acceptent, soit qu'ils renoncent.

C'était aussi une question controversée que celle de savoir si les créanciers d'un héritier pouvaient, également dans les coutumes d'égalité parfaite, exiger le rapport du renonçant. Lebrun ne le pensait point ; la disposition des coutumes qui exigeait le rapport du re-

nonçant étant exorbitante devait, selon lui, être restreinte autant que possible. Pothier au contraire ne
voyait point de raison pour empêcher les créanciers
d'un héritier d'exiger le rapport du renonçant, le droit
au rapport étant un droit pécuniaire, estimable, *in bonis*,
et par conséquent susceptible d'être exercé par les
créanciers.

§ 2. — Objet du rapport.

1° *Rapport des dons.* — A. *Dons soumis à rapport.*
— « Père et mère ne peuvent par donation faite entre-
vifs, par testament et ordonnance de dernière volonté
ou autrement en manière quelconque avantager leurs
enfants venant à leur succession l'un plus que l'autre. »
(Art. 303 *Cout. de Paris.*)

Ainsi les avantages entre-vifs, directs ou indirects,
sont soumis à rapport. Le successible doit le rapport,
soit qu'il ait reçu des avantages par personne interpo-
sée, soit qu'il ait retiré un avantage d'un acte passé
sous un autre nom que celui de donation. Pothier exa-
mine de nombreux exemples de cette seconde classe
d'avantages indirects, et pose des questions qui sont
encore discutées dans notre droit moderne.

Un père a vendu à son fils un immeuble à vil prix ;
qu'est-ce qui devra être rapporté? Une question analogue s'élevait en droit romain lorsqu'un mari, qui ne
pouvait donner à sa femme, lui avait fait une vente à vil
prix. Julien pensait que la vente était nulle parce qu'elle

couvrait une donation déguisée : le mari pouvait répéter la chose vendue en restituant le prix reçu. Nératius
distinguait si le mari avait réellement voulu vendre,
ou s'il avait voulu donner. Il tenait la donation pour
nulle, mais la vente pour valable, et pensait que, lorsque le mari avait voulu vendre, la donation ne portait
que sur ce qui manquait du juste prix, d'où il con-
cluait que le mari avait seulement le droit de répéter
cette somme. Pomponius annulait la vente en proportion
de ce qui avait été remis du juste prix. Si, par exemple, la chose avait été vendue pour la moitié du prix
qu'elle valait, il pensait que la femme devait rendre la
moitié de la chose qui lui avait été vendue. Pothier
approuve en théorie l'opinion de Nératius, mais la
trouve en pratique inadmissible, à cause des questions
de fait qu'elle soulève et adopte l'opinion de Julien.

Il y aurait également avantage indirect, et par conséquent lieu à rapport, si, dans une transaction sur un
compte de tutelle, le père se reconnaissait débiteur de
plus qu'il ne doit, si dans le partage d'une première
communauté le père favorisait ses enfants du premier
lit en n'exerçant point ses reprises, ou en leur permettant d'exercer des reprises auxquelles ils n'ont
point droit, ou encore s'il exagérait les récompenses
qu'il peut devoir à la communauté ou diminuait celles
que ses enfants peuvent devoir à cette même communauté. Il en serait de même s'il donnait décharge à
son fils du compte d'une gestion d'affaires qui le constituait débiteur, ou s'il donnait à son fils quittance

d'une somme qu'il doit et qu'il ne lui a point payée.

Mais, pour qu'il y ait lieu à rapport, il ne suffit pas qu'il y ait avantage pour l'enfant, il faut encore que quelque chose soit passé du patrimoine du père dans celui de cet enfant. Le mot de *rapport* indique suffisamment cette idée : on ne peut faire rentrer dans une succession que ce qui en est sorti. Toutefois on était loin, comme nous allons le voir, d'appliquer exactement cette idée,

Une mère renonce à une succession opulente de son frère unique, où il y a des fiefs, pour favoriser ses enfants mâles. Il n'y a pas lieu à rapport, dit Pothier : la mère n'a rien fait passer de ses biens à ses enfants, car les biens de la succession de son frère ne lui ont jamais appartenu par suite de sa renonciation.

Un père colégataire avec son fils répudie le legs qui lui a été fait. Son fils profite de sa répudiation. Selon Pothier, il n'y a toujours point lieu à rapport.

Une femme renonce à la communauté avantageuse de son premier mari pour favoriser les enfants du premier lit, ou accepte la communauté mauvaise de son premier mari pour favoriser les enfants du premier lit, en ne venant point reprendre ses apports qu'elle avait droit de reprendre en renonçant : Pothier, dans ssn Introduction au titre XVII de la coutume d'Orléans, sect. VI, art. iii, § 1, décide, conformément à son principe, qu'il n'y a point lieu à rapport. La femme, acceptant, est censée n'avoir jamais eu le droit de reprendre ses apports. Elle a usé de son droit en acceptant ou en renonçant, on doit présumer que le parti qu'elle prend est celui qu'elle juge lui convenir le mieux, plutôt que de lui supposer la volonté d'avantager ses enfants : il y aurait lieu à trop de procès si l'on permettait de discuter quelle a pu être l'intention de la mère. Cependant Pothier, dans son traité des *Successions*, revenant sur ces deux hypothèses, se décide pour le rapport, tout en déclarant qu'elles lui paraissent souffrir beaucoup de difficultés. Et voici son raisonnement : dans l'hypothèse où la femme renonce à la communauté avantageuse de son premier mari pour favoriser les enfants de son premier lit, on peut dire que la femme avait sur la communauté un droit qui, par sa renonciation, a passé à ses enfants. Elle a fait remise à ses enfants du droit qu'elle avait contre eux de partager la communauté. Si la solution de Pothier est différente dans le cas où un père colégataire avec son fils a répudié son legs, c'est, dit-il, « qu'on ne peut remettre qu'à son débiteur; or ce n'était point son fils, son colégataire, qui était son débiteur de l'héritage qui lui a été légué. » Dans la deuxième hypothèse, celle où la femme a accepté la communauté mauvaise de son premier mari pour favoriser les enfants de son premier lit, alors qu'elle avait le droit de reprendre ses apports en renonçant, Pothier raisonne ainsi : « On peut dire que la femme a véritablement eu cette créance de reprise de son apport, quoiqu'elle dépendît de sa renonciation à la communauté qui n'a pas existé, car cette condition étant une

condition potestative, il ne tenait qu'à elle qu'elle exis-
tât, et par conséquent il ne tenait qu'à elle d'exercer
cette reprise; elle en avait donc le droit, et c'est en
quelque façon une remise qu'elle a faite de ce droit à
ses enfants, en faisant volontairement manquer la condition par son acceptation à une communauté évidemment mauvaise. »

Que décidait Lebrun dans ces différentes hypothèses? Il pensait qu'il y avait lieu à rapport quand
une mère renonçait à la succession de son frère, où il
y avait des fiefs, pour y faire venir ses fils, à l'exclusion de ses filles (Lebrun, *Succ.*, l. III, c. 6,
sect. 3, § 11), tandis qu'il décidait au contraire que les
enfants du premier lit ne pouvaient demander le rapport aux enfants du second lit, quand leur mère avait
renoncé à la communauté avantageuse de son second
mari. (Lebrun, *Succ.*, l. III, c. 6, sect. 3, § 23, 24.)

On voit combien nos anciens auteurs variaient dans
la solution de ces différentes questions, qui cependant
doit être unique. Nous les verrons se poser encore
dans notre droit moderne. Dans toutes ces hypothèses, il y a lieu au rapport, comme nous le démontre-
rons plus tard, lorsque le *de cujus* a eu l'intention
d'avantager ses successibles. »

B. *Dons dispensés du rapport.* — « Les nourritures
entretènements, instructions et apprentissages d'enfants
ne se rapportent. » (Art. 309, *Cout. d'Orléans.*)

Il y avait cependant des coutumes qui assujétissaient l'enfant au rapport lorsqu'il avait des biens personnels (Art. 255, *Cout. d'Auxerre*), ou lorsque ces frais n'étaient point modérés et selon la qualité des personnes, ou enfin si les enfants étaient mariés et établis. (Art. 255, *Cout. de Châlons.*) Pothier ne fait point en général de ces distinctions.

Parmi les frais de nourriture rentrent les frais de noces et banquets qui ne profitent pas au successible, « sinon depuis le dîner jusqu'au souper, » selon l'expression de Coquille. (*Quest. et rép. sur les art.* des *cout.* n° 168) ; mais les frais de trousseau et d'habits nuptiaux sont soumis au rapport.

Parmi les frais d'entretènement il faut comprendre les frais d'un équipage pour envoyer l'enfant au service et la dépense pour l'y entretenir.

Parmi les frais d'instruction on comprend les frais de pension, collége, honoraires des maîtres, les frais pour apprendre à monter à cheval, les achats de livres ; mais Pothier nous dit qu'il faut que ces frais d'éducation aient été modérés. C'est ce que dit aussi Coquille (*Quest.* 163) : « Il faut que ces frais soient modérés selon les facultés du père, car si le père étant de moyennes facultés, voyant son fils de bon et aigu entendement, propre à comprendre les sciences, se parforce de l'avancer, et fournisse pour lui de si grands frais que vraisemblablement son revenu ne puisse porter sans diminuer son bien, je crois que cet enfant qui aura fait de grandes dépenses sera tenu de rapporter

où précompter ce qu'il a dépensé plus que vraisemblablement les facultés ne portaient. »

Il y avait des controverses sur le point de savoir si
les frais de doctorat étaient exemptés du rapport. La
Coutume de Reims dit à ce sujet (art. 322) : « Deniers
déboursés par père, mère, aïeul ou aïeule... pour
instruction de leurs enfants jusqu'au degré de licence
inclusivement ne sont sujets à rapport. » Ainsi la coutume de Reims soumet ces frais au rapport. Pothier
et Lebrun y voient aussi plutôt des frais pour l'établissement de l'enfant que pour son instruction. Buridan
au contraire sur la Coutume de Reims dit que les frais
de doctorat doivent être assimilés à ceux de licence
sur ce motif bizarre « que l'honneur n'en parvient pas
seulement à celui qui en est qualifié, mais à toute la
famille, et que partant les frais pour y parvenir se
doivent porter sur le général et par tous les cohéritiers. » Nous répondrons seulement avec Merlin
« qu'on ne voit pas que les enfants puissent trouver
dans l'honneur d'avoir un frère élevé au doctorat une
indemnité quelconque des frais occasionnés par sa
promotion à ce degré. » Selon Ferrière, les frais de
doctorat devaient être aussi dispensés de rapport,
mais sur ce motif plus grave que le doctorat est un
titulus sine re; toutefois Ferrière faisait une exception
pour les frais de doctorat en médecine à la Faculté de
Paris, où les frais sont plus élevés que dans les autres
facultés. (Sur l'art. 304 de la *Cout. de Paris.*)

Les frais d'établissement sont soumis au contraire

au rapport. Tels sont les frais de maîtrise, d'achat d'une compagnie.

Les frais dispensés de rapport ne le sont toutefois que s'ils ont été faits du vivant du *de cujus*. Ainsi dans le cas où le défunt aurait légué à un de ses enfants une pension alimentaire, ou la somme nécessaire pour se mettre en apprentissage, il y aurait lieu à rapport.

On se demandait si dans une coutume autre qu'une coutume de préciput, quand un père avait fait des dépenses considérables pour l'instruction d'un de ses enfants, il pouvait léguer aux autres une certaine somme par préciput. La Coutume de Laon art. 97 le permet. Lebrun pense qu'en effet on doit dans ce cas faire exception à la règle de l'incompatibilité entre les qualités d'héritier et de légataire. Pothier au contraire, en relatant la disposition de la coutume de Laon dit qu'elle doit être restreinte à son territoire.

« Les fruits de la chose donnée par père ou mère, aïeul ou aïeule, soit héritage ou rente ne se rapportent, sinon du jour de la succession échue, et s'il y a deniers baillés, les profits se rapporteront depuis ledit temps à raison du denier vingt. » (art. 309 de la *Coutume de Paris*.)

Les fruits ne se rapportent point, parce que, dit Pothier, « l'enfant ne doit le rapport que de ce qui lui a été donné. » Il a perçu des fruits à l'occasion de la chose qui lui a été donnée, mais ces fruits ne lui ont point été donnés. Cette raison est peut-être insuffisante, car ces fruits lui ont au moins été donnés indirectement. Nous ajouterons donc que le successible a employé ces fruits pour vivre et que les lui faire rapporter serait le ruiner.

Mais les fruits ou intérêts ne sont-ils point sujets à rapport, quand au lieu de former l'accessoire d'une libéralité, ils en sont au contraire le principal ? Il y avait discussion sur ce point dans notre ancien droit ; Lebrun considérait les pensions ou jouissances données comme autant de capitaux dont le rapport était dû. D'autres auteurs, au contraire, ne pensaient point qu'il y eût lieu à rapport : ces fruits selon eux tenaient lieu au donataire d'aliments, l'enfant les avait consommés au jour le jour, on le ruinerait en voulant le faire rapporter. L'article 95 du règlement de 1666 du Parlement de Normandie portait : « La pension ou jouissance donnée par le père ou autre ascendant ne doit point être mise en partage. »

Les fruits recueillis postérieurement au décès sont soumis au rapport, du jour de la succession échue, d'après l'article 300 de la Coutume de Paris, du jour de la provocation à partage d'après l'article 300 de la Coutume d'Orléans, mais par provocation à partage on entendait dans la Coutume d'Orléans non une demande en partage faite en justice, comme le voulait l'article 507 de la Coutume de Bretagne, mais la première démarche tendant au partage : « ainsi la demande aux fins qu'il soit procédé à l'inventaire ou l'inventaire commencé sans demande passent, dit Pothier, pour provocation à partage. »

Lebrun soutenait que les intérêts des fruits et des intérêts échus depuis l'ouverture de la succession étaient dus à partir de la mise en demeure. Pothier était d'un avis contraire, en vertu du principe : « accessio accessionis non est ». Ce qui était dû principalement, c'était l'héritage ou la somme ; les fruits ou intérêts ne sont que l'accessoire, donc il ne peut en être dû d'intérêts.

2° Rapport des dettes. — « On a poussé si loin l'exactitude des rapports, dit Pothier, qu'on a obligé l'enfant au rapport non-seulement des sommes qui lui auraient été données, mais même de celles qui lui auraient été prêtées, même de celles qu'il aurait reçues pour prix d'une constitution de rente, qu'il aurait constituée à son père ou à sa mère. On a jugé que ce serait un avantage indirect, si un père faisait par ce moyen passer son argent comptant à l'un de ses enfants, pendant que les autres n'auraient à la place qu'une simple créance en une simple rente contre leur frère. »

Ce rapport des dettes n'était point ordonné par les coutumes : il est l'œuvre de la jurisprudence : « on a jugé, » dit Pothier ; « cette jurisprudence »... dit Lebrun (Sect. II, art. 2).

Le successible était par suite de l'obligation au rapport des dettes déchu du bénéfice du terme : les intérêts étaient dus à partir de l'ouverture de la succession.

Lorsque le père avait prêté à son fils commerçant,

et que celui-ci, tombé en faillite, avait obtenu un concordat, le rapport n'en était pas moins dû pour le prêt intégral. Il est vrai que le père a pu être forcé à la remise faite dans le concordat par l'opinion de la majorité des créanciers, et, par conséquent, on ne saurait voir dans cette remise un avantage indirect, mais cependant le successible, dit Pothier, « ne peut disconvenir que cette somme lui a été prêtée par son père, et que le rapport est dû des sommes prêtées également comme des choses données. »

Le successible devait imputer sur sa part héréditaire sa dette envers la succession, et chacun des cohéritiers pouvait prélever des biens de la succession jusqu'à concurrence de ce qui lui était dû par son frère.

Si le rapport dû était supérieur à la part héréditaire du successible, il devait immédiatement le rapport du surplus. (Bourjon n° 9).

Remarquons enfin que le rapport des dettes s'applique en ligne collatérale à la différence du rapport des dons. Le motif en est que si le rapport est moins dû en ligne collatérale qu'en ligne directe, il faut ici tenir compte de cette idée que l'on prête plus facilement que l'on ne donne.

3° Rapport des legs ou incompatibilité entre les qualités d'héritier et de légataire.

« Aucun ne peut être héritier ou légataire d'un défunt ensemble, » dit l'art. 300 de la Coutume de Paris, ce qu'exprimait de la manière suivante une ancienne maxime : Nul ne peut être aumônier et parchonnier.

Il y avait toutefois des coutumes qui permettaient expressément d'être héritier et légataire. D'autres étaient muettes sur ce point. Pothier, qui, comme nous le verrons bientôt, ne voyait dans cette incompatibilité qu'une règle arbitraire, ne voulait point l'étendre.

C'était une règle de statut réel. Il fallait donc s'attacher à la coutume du lieu où l'héritage était situé pour savoir s'il y avait ou non incompatibilité. Quant aux meubles, *ossibus hærent;* c'est la coutume du domicile du testateur lors de son décès qui décide de la validité ou de la nullité du legs.

L'incompatibilité s'appliquait même aux ascendants et aux collatéraux, à la différence du rapport des dons qui ne s'applique qu'aux descendants en ligne directe. On peut donner deux raisons de cette différence : on lègue plus facilement qu'on ne donne, car celui qui donne préfère le donataire à lui-même, celui qui lègue préfère son légataire à son héritier; et l'inégalité peut paraître plus choquante lorsqu'elle se produit au moment du décès que lorsqu'on y est préparé depuis longtemps.

Quel était le fondement de cette incompatibilité? Nos anciens auteurs étaient divisés sur ce point. Ferrière, sur l'art. 300 de la Coutume de Paris, dit que c'est le titre universel d'héritier qui empêche celui de légataire, puisque autrement le légataire aurait une créance sur lui-même, serait à la fois créancier et débiteur. Pothier répond avec raison à cet argument que si les qualités de créancier et de débiteur sont incompatibles en ce sens qu'un héritier ne peut être légataire vis-à-vis de lui-même, il peut cependant être légataire vis-à-vis de ses cohéritiers. *Legari a semelipso non potest, a cohærede potest.* Le legs fait à l'héritier ne peut valoir pour la part qu'il a dans la chose léguée comme héritier, mais vaut pour la portion de ses cohéritiers.

Pour Pothier cette règle n'est point fondée sur la nature des choses, comme nous venons de l'expliquer en réfutant avec lui l'opinion de Ferrière; elle n'est point fondée davantage sur le droit naturel, car nous devons pouvoir préférer un héritier à un autre. La véritable raison, c'est « l'inclination de notre droit français à conserver l'égalité entre les héritiers, comme un moyen de conserver la paix et la concorde dans les familles, et d'en exclure les jalousies auxquelles donneraient lieu les avantages que l'on ferait à l'un des héritiers par-dessus les autres. Il était d'autant plus important de maintenir cette égalité à l'égard d'hommes guerriers et féroces, tels qu'étaient nos ancêtres, plus susceptibles que d'autres de jalousie, et toujours prêts à en venir aux mains et aux meurtres pour les moindres sujets. »

Il fallait être héritier *ab intestat* pour ne pouvoir être en même temps légataire. En effet, la succession testamentaire ne fait point d'héritier. « Le legs universel et le legs particulier ne sont pas titres incompatibles. » (Ricard, *Donat.*, 1re partie, c. 3, sect. 15, n° 656.

On pouvait renoncer à la qualité d'héritier pour s'en tenir à son legs.

Pour que l'incompatibilité s'applique, il faut être héritier des biens dont on est légataire. Ainsi celui qui est héritier des biens d'un défunt situé dans une coutume et qui n'est point appelé à la succession des biens de la même personne situés dans une autre coutume peut être légataire de ces biens comme le pourrait être un étranger, car n'étant point appelé par la coutume du lieu à la succession de ces biens il est étranger par rapport à ces biens. Par exemple, si une personne qui avait des frères et un neveu a laissé des biens situés à Orléans, où la représentation est admise, et à Blois, où elle n'a pas lieu, ce neveu qui est héritier avec les frères du défunt aux biens situés à Orléans pourra être légataire des biens situés à Blois, parce que la coutume n'admettant point la représentation, il n'est point héritier de ces biens.

L'héritier appelé à une succession par deux coutumes pourrait-il, en acceptant la succession des biens qui lui sont déférés par l'une de ces coutumes, répudier la succession des biens qui lui est déférée par l'autre coutume dans laquelle sont situées les choses qui lui ont été léguées, afin de pouvoir en être légataire? Cette question était très-controversée. Les uns tenaient pour la négative en se fondant sur l'indivisibilité de la qualité d'héritier. Appelé par deux coutumes à une succession, on ne peut être héritier seulement dans l'une. La qualité d'héritier ne peut se diviser, il n'y a plusieurs successions que dans le cas où l'une des coutumes vous appelle, tandis que l'autre vous repousse. Les partisans de l'affirmative répondaient que la qualité d'héritier n'était point tellement indivisible; que dans nombre de coutumes, un héritier pouvait accepter la succession immobilière et renoncer à la succession mobilière, et en agissant ainsi il ne divisait point l'hérédité, mais faisait un choix entre les différentes hérédités que lui offrait la loi.

§ 3. — A qui faut-il que l'avantage ait été fait pour qu'il y ait lieu à rapport?

Le successible n'était point seulement tenu de rapporter ce qu'il avait personnellement reçu du défunt, il pouvait se faire qu'il fût tenu de rapporter une donation faite à une autre personne. C'est ce que Lebrun appelait *rapports pour autrui*. L'étude des rapports pour autrui est importante pour l'explication de notre droit moderne.

Les petits-enfants sont obligés de rapporter à la succession de l'aïeul ce qui a été donné à leur père. L'art. 308 de la coutume de Paris dit : « L'enfant ayant survécu à ses père et mère, et venant à la succession de ses aïeul ou aïeule survivant lesdits père et mère, encore qu'il renonce à la succession de ses dits père et mère, est néanmoins tenu de rapporter à la succession de ses dits aïeul ou aïeule tout ce qui a été donné à ses dits père et mère par lesdits aïeul ou aïeule, ou moins prendre. » Il résulte de cet article qu'il importe peu que les enfants aient renoncé à la succession de celui qu'ils représentent et par suite n'aient pu retirer avantage de la donation qui lui avait été faite. Ils n'en succèdent pas moins par représentation de leur père à la succession duquel ils ont renoncé, et ne peuvent exercer plus de droits que n'en avait le représenté; « qui alterius juro utitur, eodem juro uti debet. »

Nous venons de parler de la représentation à l'effet de succéder. Il y avait dans notre ancien droit une autre représentation, à fin de partager. Lorsque tous les enfants du premier degré renonçaient, les petits-enfants venaient à la succession, mais on avait admis une espèce de représentation des personnes vivantes, dite représentation à l'effet de partager, grâce à laquelle le partage entre les petits-enfants se faisait par souches. Ils devaient rapporter ce qui avait été donné à leur père et mère.

Pothier nous signale encore le rapport dans un cas où si une personne n'en représente point une autre, au sens juridique du mot, elle succède cependant à sa place. Lorsque des filles ont par contrat de mariage, moyennant une modique dot, renoncé à la succession de leur père, au profit de leur frère aîné, celui-ci doit le rapport de la dot de ses sœurs, auquel elles auraient été elles-mêmes obligées si elles eussent succédé à leur père.

L'article 300 de la coutume de Paris décide que : « Ce qui a été donné aux enfants de ceux qui sont héritiers et viennent à la succession de leurs père et mère ou autres ascendants est sujet à rapport ou à moins prendre comme dessus. » Ainsi le père rapporte ce que l'aïeul a donné au petit-fils. Le motif de cette décision, dit Pothier, est « que c'est un avantage indirect que l'on fait à un père ou à une mère quand on donne à ses enfants, car regardant nos enfants comme d'autres nous-mêmes, n'acquérant nos biens que pour eux, nous devons réputer donné à nous-mêmes ce qui leur est donné, et par conséquent nous devons être obligés au rapport comme si cela était donné à nous-mêmes. La donation faite aux enfants d'un fils doit d'autant plus être censée faite au père, que c'est ordinairement en sa considération qu'on donne à ses enfants; d'ailleurs il serait facile d'éluder la loi du rapport si le père qui voudrait donner quelque chose à son fils sans qu'il fût sujet au rapport, avait la faculté de le donner aux enfants de son fils. » Pothier ne paraît point trouver cette règle excellente, car il la qualifie un peu plus loin de règle arbitraire.

Lorsque le père a rapporté à la succession de l'aïeul le don fait au petit-fils, celui-ci doit rapporter à la succession de son père la donation qu'il en a ainsi reçue; car le père ayant indemnisé la succession de l'aïeul, ayant pris sur son compte la donation, en est devenu le donateur à la place de l'aïeul.

Du principe que les enfants qui viennent à la succssion de leur aïeul sont obligés aux mêmes rapports auxquels auraient été obligés leurs père ou mère qu'ils représentent, il résulte qu'un frère peut devoir le rapport de ce qui a été donné à son frère. Le frère succédant au grand-père par représentation du père, doit rapporter la donation qui avait été faite à son frère et que son père aurait rapportée à la succession de l'aïeul s'il eût survécu à cet aïeul.

Une femme pouvait aussi être tenue au rapport de ce qui avait été donné à son mari, parce qu'elle trouve dans ce don un avantage indirect. Nous n'entrerons point dans le détail des distinctions nombreuses que faisaient nos anciens auteurs.

§ 4. — À quelle succession se fait le rapport ?

Le but du rapport étant d'établir l'égalité entre les héritiers du donateur, c'est à la succession du donateur que doit se faire le rapport.

Lorsque le père seul a doté en effets de la communauté, moitié de la dot doit être rapportée à la succession du père, moitié à la succession de la mère si elle a accepté la communauté.

Lorsque le père et la mère ont doté conjointement en effets de la communauté, moitié doit être rapportée à la succession du père, moitié à la succession de la mère, soit qu'elle accepte soit qu'elle renonce : car en cas de renonciation le mari se trouve avoir seul fourni la dot donnée conjointement, mais la femme lui doit récompense de moitié : ils ont donc doté chacun pour moitié.

Quand le mari seul a doté d'un de ses héritages propres, c'est à sa succession que doit se faire le rapport intégral. Quand la femme autorisée de son mari a doté d'un de ses héritages propres, le rapport intégral est également dû à sa succession. Si le mari et la femme ont constitué en dot conjointement un propre soit du mari, soit de la femme, moitié de la donation est due à la succession de chacun, sauf récompense pour le mari ou pour la femme, suivant que c'est l'héritage de l'un ou de l'autre qui a été constitué en dot, de la moitié du prix de l'immeuble que le mari ou la femme ont fourni pour la donation qu'ils ont faite en commun.

Nous avons déjà vu qu'un enfant peut être tenu de rapporter à la succession de son père la donation qui lui a été faite par son aïeul paternel.

§ 5. — Comment se fait le rapport ?

Rapport des immeubles. — A. *Héritages.* — « Si le donataire lors du partage a les héritages à lui donnés en sa possession, il est tenu de les rapporter en essence et espèce, ou moins prendre en autres héritages de la succession de pareille valeur et bonté, et faisant ledit rapport en espèce, doit être remboursé par ses cohéritiers des impenses utiles et nécessaires. Et si lesdits cohéritiers ne veulent rembourser lesdites impenses, en ce cas, le donataire est tenu de rapporter seulement l'estimation d'iceux héritages, eu égard au temps que division et partage est fait entre eux, déduction faite desdites impenses. » (art. 305 de la *Coutume de Paris*.)

Ainsi en principe le rapport des héritages se fait en nature. Cela a été prescrit, dit Pothier, « pour établir entre les enfants venant à une succession une égalité parfaite, qui ne le serait pas si l'un pouvait conserver de bons héritages pendant que les autres n'auraient que de l'argent, dont ils auraient souvent de la peine à faire un bon emploi. » Toutefois il y avait des coutumes qui, comme celles de Sens, d'Auxerre, permettaient de rapporter la valeur de l'immeuble lors de la donation.

Dans les coutumes d'égalité parfaite ou d'égalité simple, le donateur ne peut pas plus dispenser du rapport en nature que du rapport lui-même. Car le rapport en nature est établi comme la défense de dispenser du rapport, en vue de l'égalité. Il importe donc peu que les immeubles aient reçu une estimation : on ne pourra point dire : *æstimatio facit venditionem*, ce n'est pas l'estimation, mais l'héritage même qui devra être rapporté.

Du principe que c'est l'héritage lui-même qui doit

être rapporté découlent des conséquences importantes. Il doit être rapporté tel qu'il se trouve au temps du partage, qu'il soit amélioré ou détérioré, pourvu que ce soit sans le fait ou la faute de l'enfant ; enfin si l'immeuble avait péri sans le fait ni la faute de l'enfant, l'enfant serait libéré du rapport.

1° *Améliorations.* — Les améliorations naturelles, telles qu'un alluvion profitent à la succession. Les améliorations industrielles également, mais sauf un règlement de compte avec le débiteur du rapport, conformément au principe : « neminem æquum est alterius detrimento fieri locupletiorem. » Il résulte de ce principe que la succession doit rembourser à l'héritier débiteur du rapport la plus-value résultant des améliorations qu'il a faites sur l'immeuble, ou tout au moins la dépense que lui ont coûté ces améliorations, si la plus-value est supérieure aux dépenses. Quant aux dépenses nécessaires, elles doivent être au contraire remboursées intégralement, soit que l'utilité en existe encore au moment du partage, soit qu'au contraire cette utilité ait disparu par suite d'un cas fortuit. En effet, si le *de cujus* n'avait point donné l'héritage, il eût été forcé de faire ces dépenses nécessaires : la succession a donc profité d'autant.

Les dépenses voluptuaires au contraire ne donnent lieu à aucun compte entre l'héritier qui rapporte et la succession : elles n'ont point augmenté la valeur de l'héritage ; tout ce que l'on peut permettre au débiteur du rapport, c'est d'enlever ce qui peut être enlevé *sine rei detrimento.*

Les dépenses d'entretien sont une charge des fruits. L'héritier les supporte sans recours.

Si les cohéritiers ne veulent point rembourser les sommes qu'ils peuvent devoir, on permet au débiteur du rapport de rapporter seulement l'estimation des héritages. Nous verrons également un droit de rétention accordé au débiteur du rapport dans notre droit moderne, mais avec cette différence qu'il ne dispense point du rapport en nature.

2° *Dégradations.* — Le débiteur du rapport qui avait droit à des remboursements de la part de la succession peut aussi lui en devoir, car il est responsable des dégradations survenues par sa faute.

3° *Perte.* — Il cesse de devoir le rapport lorsque l'immeuble a péri par cas fortuit. Il faut qu'il ne soit point en faute, car en ce cas il devrait l'estimation de l'héritage lors du partage.

Nous avons déjà vu plusieurs cas dans lesquels le rapport des immeubles se faisait en moins prenant : ainsi, lorsque dans une coutume de préciput le donateur avait dispensé du rapport en nature, lorsque les cohéritiers ne voulaient point rembourser les améliorations dues au donataire, lorsque l'immeuble avait péri par la faute du débiteur, il y avait lieu au rapport en moins prenant.

Il en était encore de même, aux termes de l'article 305 de la coutume de Paris, lorsqu'il y avait dans la succession des héritages de pareille valeur et bonté dont on pouvait apportionner les cohéritiers.

Si l'héritier avait vendu volontairement le bien sujet au rapport, on lui permettait d'en rapporter l'estimation, lors du partage, en tenant compte des améliorations et des dégradations. Il y avait là quelque chose de contraire au principe « resoluto jure dantis resolvitur jus accipientis », en vertu duquel le rapport aurait dû se faire en nature. Mais on avait pensé que ce serait soumettre un héritier à de rigoureux recours en garantie : « res inter cohœredes non sunt amaro tractandæ. »

On appliquait, au contraire, les principes lorsque le donataire avait seulement constitué des hypothèques ou autres droits réels sur le bien donné : ces droits étaient résolus.

Si au lieu d'aliéner volontairement, le donataire avait subi une aliénation forcée, avait, par exemple, été dépossédé par un arrêt du Conseil, il ne serait tenu qu'à rendre la somme qu'il a reçue.

B. *Rentes.* — Les rentes foncières ou constituées étaient considérées comme immeubles dans notre ancien droit. Elles étaient, quant au rapport, soumises aux mêmes principes que les héritages. L'héritier débiteur les doit donc dans l'état où elles se trouvent au moment du partage, les risques sont pour la succession; aussi c'est elle qui doit supporter les réductions dont elles ont pu être frappées.

Si le débiteur de la rente l'a remboursée ou s'il a déguerpi l'héritage sujet à la rente, c'est la somme du rachat ou l'immeuble déguerpi qui doit être rapporté. Et l'enfant ne pourrait offrir de conserver l'héritage déguerpi en offrant de continuer la rente foncière qui lui avait été donnée. Il y a eu un changement qui ne dépendait point de lui dans l'objet de son obligation, et il n'est point libre de le modifier.

Mais si, au contraire, c'était l'héritier débiteur du rapport qui eût laissé racheter une rente qui n'était point rachetable, ou déguerpir un immeuble que le débiteur ne pouvait déguerpir, il serait tenu au rapport de la chose donnée en nature, et, faute de pouvoir le faire, à son estimation. C'est alors par sa faute qu'il y a eu une conversion de l'objet donné en un autre : il est responsable. Il n'y a point conversion de son obligation.

Remarquons, en terminant, que les offices, quoique immeubles, étaient soumis au rapport de la même manière que les meubles. Nous nous en occuperons donc en parlant des meubles.

C. *Meubles.* — A la différence des immeubles, les meubles se détériorent par l'usage et se dégradent rien que par le cours du temps ; il en est qui se consomment par l'usage, il peut être d'une bonne administration de les vendre. Aussi Pothier ne considérait dans les meubles que leur valeur vénale, le donataire de meubles était considéré comme donataire d'une somme d'argent, et on lui imposait l'obligation de rapporter, non les meubles eux-mêmes, mais leur valeur au moment de la donation.

Toutefois la doctrine de Pothier sur le rapport des meubles n'était point universellement admise. Duplessis (l. III, c. 6, sect. 3), distinguait : suivant lui, il fallait rapporter en nature les meubles qui ne dépérissent point par l'usage ; quant aux meubles qui se détériorent par l'usage, il fallait en rapporter l'estimation eu égard à ce qu'ils pourraient valoir lors du partage, s'ils étaient encore aussi bien conditionnés qu'au moment de la donation. Tel était l'avis de Lebrun. Ferrière, sur l'article 305 de la Coutume de Paris, pensait au contraire que, dans l'un et l'autre cas, l'estimation des meubles devait se faire, eu égard au temps du partage, ou que le donataire pouvait les rapporter en espèce.

Pothier tire plusieurs conséquences de ce principe, que ce ne sont point les meubles qui font l'objet de l'obligation du rapport, mais leur valeur au moment de la donation. Il en conclut que le débiteur ne pourrait offrir le rapport des meubles en nature ; que les risques sont à la charge du débiteur ; que la perte ou les dégradations, qu'il y ait d'ailleurs ou non faute de sa part, ne le libèrent point de son obligation ou ne diminuent point son obligation, qui est de payer une somme d'argent. En revanche, le débiteur profite des améliorations.

Lorsque les meubles avaient été estimés, lors de la donation, au-dessous de leur valeur, les cohéritiers pouvaient exiger le rapport du juste prix.

Nous avons dit que le rapport des offices se faisait comme le rapport des meubles, quoiqu'ils fussent immeubles. Le motif en est que si l'on avait admis le rapport en nature, il eût fallu déposséder le titulaire de l'office : c'eût été une « indécence », selon l'expression de Pothier. C'est donc leur estimation, au moment de la donation, qui est l'objet de l'obligation du rapport.

Le rapport n'était dû que pour les offices qui étaient dans le commerce, tels que les offices de judicature et de finance, et non pour ceux qui étaient *extra commercium*, tels que les offices de la maison du roi, gouvernement et autres semblables : c'étaient de simples concessions révocables à la volonté du roi et qui ne pouvaient faire l'objet d'un rapport.

Nous avons vu que lorsque les meubles avaient été estimés par le contrat, on permettait aux cohéritiers de rechercher si l'estimation n'avait pas été faite au-dessous de la valeur réelle. Il en était de même en principe pour les offices. Cependant on admettait pour certains offices, comme ceux de judicature, certains avantages. Ainsi le père pouvait donner un de ces offices pour le prix qu'il lui avait coûté. Le motif en est que ces offices sont, dit Pothier, « propres à conserver l'honneur du défunt ». La même dérogation au principe n'était point admise pour les offices de procureur ou de receveur des tailles. Enfin, il résultait du motif même qui avait fait admettre cette dérogation, et qui était de conserver l'honneur du défunt, que si le fils revendait immédiatement l'office estimé au prix où son père l'avait acheté, c'était le prix réel qui était dû.

DROIT INTERMÉDIAIRE

Nous venons de voir combien nos coutumes différaient en matière de rapport. Les lois de l'époque intermédiaire eurent au moins l'immense avantage d'établir en France l'uniformité de législation.

Les idées nouvelles étaient très-favorables à l'égalité ; on alla d'abord trop loin dans cette voie. La loi de nivôse an II reproduisant dans notre matière la loi du 5 brumaire an II, établit le système des coutumes d'égalité parfaite. La quotité disponible, réduite à un dixième si le *de cujus* laisse des héritiers en ligne directe, à un sixième s'il laisse des collatéraux ne peut être donnée par préciput à un héritier soit en ligne directe soit en ligne collatérale. L'héritier lui-même ne peut en renonçant se soustraire au rapport. De plus, la loi du 17 nivôse an II présente un caractère rétroactif : elle s'applique aux successions ouvertes depuis et compris le 14 juillet 1789, nonobstant tous partages déjà faits.

Art. 9. « Les successions des pères, mères ou autres

ascendants et des parents collatéraux, ouvertes depuis et compris le 14 juillet 1789 et qui s'ouvriront à l'avenir, seront partagées également entre enfants descendants ou héritiers en ligne collatérale, nonobstant toutes lois, coutumes, donations, testaments et partages déjà faits. En conséquence, les enfants descendants et héritiers en ligne collatérale ne pourront, même en renonçant à ces successions, se dispenser de rapporter ce qu'ils auront eu à titre gratuit, par l'effet des donations que leur auront faites leurs ascendants ou leurs parents collatéraux le 14 juillet 1789 ou depuis. »

Quant aux donations antérieures au 14 juillet 1789, l'article 8 décidait qu'elles étaient soumises au rapport, malgré dispense, mais le renonçant pouvait les conserver, sans préjudice toutefois de l'exécution des coutumes qui assujettissaient même le renonçant au rapport.

Art. 10. « Les dispositions générales du présent décret ne font point obstacle, pour l'avenir, à la faculté de disposer du dixième de son bien si on a des héritiers en ligne directe, ou du sixième si on n'a que des héritiers collatéraux, au profit d'autres que des personnes appelées par la loi au partage des successions. »

L'effet rétroactif de la loi du 17 nivose an II fut abrogé par la loi du 9 fructidor an III : quant au système général de la loi de nivose, ce ne fut que la loi du 4 germinal an VIII qui le fit disparaître. Cette loi augmenta la

quotité disponible : elle était d'un quart si le *de cujus* laissait moins de quatre enfants, d'un cinquième s'il laissait
quatre enfants, et ainsi de suite en comptant toujours
pour déterminer la quotité disponible le nombre des
enfants plus un. Elle était de moitié s'il laissait soit des
ascendants, soit des frères et sœurs, soit des enfants
ou petits-enfants de frères ou sœurs. Elle était des
trois quarts s'il laissait des oncles ou grands-oncles,
tantes ou grand'tantes, cousins ou cousines germains
ou enfants de ceux-ci. A défaut de parents de ces
degrés, tous les biens devenaient disponibles. (Art. 1
à 4.) La quotité disponible ainsi élargie peut être donnée par préciput à des héritiers comme à des étrangers. C'est ce que disait l'article 5. Il était ainsi conçu :
« Les libéralités autorisées, par la présente loi pourront
être faites au profit des enfants ou autres successibles
du disposant, sans qu'ils soient sujets à rapport. » On
a quelquefois cru trouver dans les derniers mots de cet
article une dispense légale de rapport, un système
semblable à celui des coutumes qui prohibaient le rapport dans notre ancien droit. Le sens de ces mots ne
nous paraît point aussi absolu : ils ont pour but d'abroger l'article 10 de la loi de nivôse, ils permettent de
dispenser du rapport, sans créer pour cela une dispense légale de rapport. (Cass. 18 février 1840.)

DROIT CIVIL

DU RAPPORT D'APRÈS LE CODE CIVIL

GÉNÉRALITÉS

Le Code civil a admis le système de nos anciennes coutumes de préciput et de la loi du 4 germinal an VIII. Il permet de donner la quotité disponible par préciput à des enfants comme à des étrangers. Nous avons déjà remarqué les avantages de ce système. Mais si le père n'a point manifesté l'intention de faire une libéralité par préciput, le Code présume qu'il a seulement voulu faire un avancement d'hoirie, et pour établir entre les héritiers une égalité que le *de cujus* ne paraît point avoir voulu rompre, soumet la libéralité au rapport.

Le rapport est dû par tous les cohéritiers, soit en ligne directe, soit même en ligne collatérale. Le Code civil italien a au contraire restreint aux descendants l'obligation du rapport. (M. Huc. *Le Code civil italien et le Code Napoléon*, t. I, 3ᵉ partie, § 5, IV.)

Il n'est dû que par les cohéritiers *ab intestat*.

Ce ne sont point seulement les donations qui doivent être rapportées, mais encore les legs et les dettes. Quel est le fondement du rapport des legs? Le rapport des legs est difficile à justifier. Lorsque le *de cujus* a fait une donation à l'un de ses successibles, on peut présumer qu'il n'a point voulu lui conférer un avantage définitif, qu'il a seulement voulu lui faire un avancement d'hoirie. Pendant la vie du donateur, le donataire perçoit les fruits; à la mort du donateur, il rapporte à sa succession l'objet donné. Mais quand le *de cujus* a fait un legs à l'un de ses successibles, on ne peut plus raisonnablement supposer que le *de cujus* a entendu que le legs serait rapporté, car alors le legs ne produit point d'effet sérieux. Aussi est-ce avec raison que le Code civil italien a supprimé le rapport des legs. (M. Huc, *op. cit.*, t. I, 3ᵉ partie, § 5, V.)

Il résulte de cette observation que l'intention présumée du défunt ne peut être considérée comme la seule base du rapport dans notre droit moderne. Car l'intention présumée du défunt n'explique point le rapport des legs. Il n'a d'autre fondement que le désir de la loi de maintenir l'égalité entre les héritiers.

Lorsque l'on parle de rapport des legs, on emploie une expression assez impropre, car rapporter, c'est remettre à une masse quelque chose qui en est sorti. Or le legs est dans la succession, et l'effet du rapport est précisément de l'y faire rester. C'est ce que dit très-exactement l'article 843 : « Tout héritier... doit *rapporter* à ses cohéritiers tout ce qu'il a reçu du défunt par donation entre-vifs...; *il ne peut réclamer les legs à lui faits par le défunt...* » Mais le Code emploie ordinairement l'expression de rapport pour désigner l'obligation de remettre à la masse les dons entre-vifs et d'y laisser les legs.

Il ne faut pas confondre le rapport avec la réduction. Le rapport a pour but d'établir l'égalité entre cohéritiers ; la réduction a pour but de former la réserve de certains héritiers auxquels la loi a voulu assurer une partie du patrimoine du *de cujus*. Le rapport ne s'applique qu'à des donations ou à des legs faits à des héritiers ; la réduction s'applique même à des donations ou à des legs faits à des étrangers. Les règles de détail auxquels sont soumis le rapport et la réduction sont aussi différentes. Il y a donc intérêt à distinguer les cas où il s'agit d'opérer un rapport de ceux où il s'agit d'opérer une réduction.

CHAPITRE PREMIER

PERSONNES SOUMISES AU RAPPORT

L'article 843 est ainsi conçu : « Tout héritier, même bénéficiaire, venant à une succession, doit rapporter à ses cohéritiers tout ce qu'il a reçu du défunt, par donation entre-vifs, directement ou indirectement ; il ne peut retenir les dons ni réclamer les legs à lui faits par le défunt, à moins que les dons et legs ne lui aient été faits expressément par préciput et hors part, ou avec dispense de rapport. » Il résulte de cet article qu'une personne ne peut être soumise au rapport que lorsque les quatre conditions suivantes se trouvent réunies :

1° Il faut être héritier ;

2° Il faut venir à la succession ;

3° Il faut être donataire ou légataire ; ajoutons encore ou débiteur ;

4° Il faut n'être point dispensé du rapport.

Nous allons étudier successivement ces quatre conditions.

§ 1er. — Il faut être héritier.

Art. 843. « Tout héritier... doit rapporter... » Ainsi les descendants, les ascendants, les collatéraux sont soumis au rapport.

Le sens du mot héritier n'est point nettement déterminé dans notre droit. Il peut s'appliquer aux successeurs *ab intestat* et aux successeurs testamentaires, aux successeurs légitimes et aux successeurs irréguliers. Le mot héritier est-il pris dans l'art. 843 dans ce sens général ?

Et d'abord le mot héritier dans l'article 843 com-

prend-il les héritiers testamentaires comme les héritiers *ab intestat*? Rappelons que ce n'est que dans le
dernier état du droit romain que l'obligation de rapporter fut imposée à l'héritier testamentaire, et que
jamais elle ne lui fut imposée par notre ancien droit
coutumier. Le Code civil a-t-il fait une innovation?
Non; le sens du mot héritier doit être déterminé par
la matière dans laquelle on le rencontre, et nous nous
trouvons ici dans la matière des successions *ab intestat*. Ordinairement, d'ailleurs, le législateur emploie
de préférence le mot de *légataire*, pour désigner l'héritier testamentaire. L'article 857 nous montre enfin
que tel est bien le sens du mot héritier dans l'article 843, en opposant les termes d'héritier et de légataire. « Le rapport n'est dû que par le cohéritier à
son cohéritier, il n'est pas dû aux légataires ni aux
créanciers de la succession.» On conçoit que la loi ait
voulu maintenir l'égalité entre les parents qu'elle appelle à la succession *ab intestat*, mais on ne concevrait
point qu'elle ait voulu maintenir l'égalité même entre
étrangers. On comprendrait, il est vrai, que la loi eût
imposé le rapport aux parents qu'elle appelle à la succession *ab intestat*, quand le défunt les a appelés à la
succession testamentaire; mais on a pensé sans doute
que lorsque le *de cujus* avait réglé lui-même sa succession, il fallait respecter sa volonté. Ainsi le *de cujus*
a institué deux légataires universels, et il a fait à l'un
d'eux une donation ou un legs d'un objet particulier.
Le légataire avantagé ne devra point le rapport. En lui

faisant un legs particulier le testateur a eu l'intention de l'avantager; lorsqu'il a fait son testament, il a dû penser à la donation qu'il avait déjà faite : on ne peut plus présumer ici, comme quand le *de cujus* a laissé la loi régler sa succession, qu'il a oublié la donation qu'il avait faite à l'un de ses héritiers, mais qu'il n'avait point l'intention de l'avantager définitivement.

Ainsi il n'y a que les héritiers *ab intestat* qui doivent le rapport; mais tous les héritiers *ab intestat* sont soumis à cette obligation. Il est vrai que la loi refuse ordinairement le titre d'héritier aux successeurs irréguliers, mais on ne voit point de bonne raison pour ne point les soumettre au rapport. L'article 760 impose formellement le rapport à l'enfant naturel, nous pouvons en conclure que la loi a voulu l'imposer également aux autres successeurs irréguliers. — Remarquons toutefois que parmi les successeurs irréguliers, il en est qui ne peuvent pas être soumis au rapport, parce qu'ils ne peuvent point avoir de cohéritiers. Nous voulons parler du conjoint et de l'État qui ne succèdent qu'à défaut de parents. On signale toutefois une hypothèse singulière où le conjoint peut être tenu du rapport. Un homme a épousé deux femmes, il meurt avant que le second mariage ait été annulé, la première femme a droit à la succession comme femme légitime, la seconde y a droit aussi, parce qu'étant de bonne foi, elle a contracté un mariage putatif. Ces deux femmes cohéritières *ab intestat* se devront respectivement le rapport.

Ainsi d'une manière générale on peut dire que tous les héritiers *ab intestat* se doivent le rapport.

Nous n'avons parlé jusqu'ici que de successeurs à titre universel, mais il y a des personnes qui ont droit de prendre dans une succession certains biens déterminés à raison de leur origine. Nous voulons parler des successions anomales. Ainsi aux termes de l'article 351, l'adoptant et ses descendants, lorsque l'adopté meurt sans enfants légitimes, succèdent aux biens à lui donnés par l'adoptant, ou recueillis par l'adopté dans la succession de l'adoptant, et qui existent en nature lors du décès de l'adopté. Aux termes de l'article 352 si du vivant de l'adoptant et après le décès de l'adopté, les descendants par lui laissés meurent sans postérité, l'adoptant succède aux choses par lui données, comme dans l'article 351, mais ce droit est inhérent à sa personne et ne passe point à ses héritiers même en ligne descendante. L'article 747 établit pour les ascendants le droit de succéder, à l'exclusion de tous autres, aux choses par eux données à leurs descendants morts sans postérité et qui se retrouvent en nature dans la succession. Enfin l'article 766 attribue, en cas de prédécès des père et mère de l'enfant naturel, les biens qu'il en a reçus, aux frères et sœurs légitimes, si ces biens se retrouvent en nature dans la succession. — Dans toutes ces hypothèses, il y a deux successions : la succession ordinaire et la succession anomale. Il n'y a point lieu au rapport entre ces deux successions, parce qu'il n'y a point de cohéritiers.

— Mais dans chacune de ces successions il peut y avoir lieu à rapport. Occupons-nous seulement des successions anomales. Les descendants de l'adoptant succédant, aux termes de l'article 351, aux biens donnés par l'adoptant à l'adopté mort sans postérité, doivent rapporter à leurs frères et sœurs les biens qu'ils peuvent avoir reçus de l'adopté. De même, dans le cas prévu par l'article 766, les frères et sœurs légitimes se doivent le rapport de ce qu'ils peuvent avoir reçu de leurs frères et sœurs naturels. Au contraire, dans les cas prévus par les articles 352 et 747, il ne peut y avoir lieu à rapport, parce que l'adoptant et l'ascendant ont seuls le droit de succéder aux choses par eux données, c'est-à-dire qu'ils ne peuvent avoir de cohéritiers auxquels ils puissent être tenus de rapporter. En supposant même que deux ascendants viennent reprendre les biens par eux donnés, il n'y aurait point lieu à rapport, parce qu'ils ne sont point cohéritiers : il y a alors deux successions anomales, de sorte que si l'un des descendants renonçait, le bien donné par lui ne serait point repris par l'autre ascendant, mais resterait dans la succession ordinaire.

§ 2. — Il faut venir à la succession.

« Tout héritier, même bénéficiaire, venant à la succession, doit rapporter, » dit l'article 843. Il faut donc avoir accepté la succession du donateur, mais il suffit de l'avoir acceptée sous bénéfice d'inventaire. Et l'héritier bénéficiaire serait tenu du rapport alors même qu'il aurait fait l'abandon des biens héréditaires (art. 802), parce que cet abandon ne constitue point une renonciation à la succession, mais décharge seulement l'héritier bénéficiaire du payement des dettes.

L'article 845 indique les conséquences de la renonciation : « L'héritier qui renonce à la succession péut cependant retenir le don entre-vifs ou réclamer le legs à lui fait, jusqu'à concurrence de la portion disponible. » Cela est conforme aux principes de la renonciation, d'après lesquels le renonçant n'a jamais été héritier.

La renonciation affranchirait le donataire du rapport, alors même que la donation lui aurait été faite expressément en avancement d'hoirie. Nous avons vû que Dumoulin avait soutenu l'opinion contraire, mais qu'elle n'avait point été admise. Il ne faut pas attacher trop d'importance à des expressions devenues de style pour désigner le don fait à un successible.

§ 3. — Il faut être donataire, légataire ou débiteur.

C'est encore l'article 843 qui énonce cette troisième condition : Tout héritier... ne peut retenir les dons, ni réclamer les legs à lui faits par le défunt... » Toutefois, l'article 843 ne parle que des dons et des legs, il faut le compléter par l'article 829, qui or-

donne aussi le rapport des dettes : « Chaque cohéritier fait rapport à la masse... des sommes dont il est
débiteur. »

Il faut être héritier et donataire, légataire ou débiteur au moment de l'ouverture de la succession. Il n'y
a point à s'inquiéter du point de savoir si celui qui est
actuellement héritier, était héritier présomptif au moment où la donation lui a été faite. C'est ce que dit
formellement l'article 846 : « Le donataire qui n'était
point héritier présomptif lors de la donation, mais qui
se trouve successible au jour de l'ouverture de la
succession, doit également le rapport, à moins que le
donateur ne l'en ait dispensé. » On aurait pu soutenir
qu'il n'y avait point alors lieu à rapport, en se fondant
sur cette idée que le rapport repose sur l'intention
présumée du défunt, et que dans notre hypothèse le *de
cujus* n'a jamais pu avoir l'intention de soumettre au
rapport celui qui n'était point son héritier présomptif
au moment de la donation. Cependant le législateur a
soumis ce donataire au rapport : il a pensé que si le
de cujus avait prévu qu'il pourrait devenir son héritier, il n'aurait point voulu que le donataire cumulât
sa part héréditaire avec le don qu'il lui avait fait antérieurement. D'ailleurs, s'il avait voulu dispenser le
donataire du rapport, il pouvait le faire, au moment
où le donataire devenait son héritier présomptif, car
la dispense de rapport peut être accordée postérieurement à la donation. (art. 919.) — Il faut dire du légataire ou du débiteur qui n'était point héritier présomp-

tif au moment où le legs ou le prêt lui a été fait, ce que l'article 846 dit du donataire. C'est même dans cette hypothèse que peut s'expliquer le plus aisément le rapport des legs. Car si le *de cujus* avait prévu que le légataire deviendrait un jour son héritier, peut-être ne lui aurait-il point fait le legs.

Il suffit donc que les qualités d'héritier et de donataire soient réunies sur la même tête au moment de l'ouverture de la succession, pour qu'il y ait lieu à rapport. Mais cela est nécessaire. Nous avons vu qu'il n'en était point ainsi dans notre ancien droit, où le père devait le rapport de ce qui avait été donné à ses enfants, où le conjoint pouvait devoir le rapport de ce qui avait été donné à son conjoint.

Le projet de code de l'an VIII établissait clairement qu'il fallait que la même personne fût héritière et donataire pour devoir le rapport.

Art. 162. « L'héritier n'est tenu de rapporter que le legs qui lui a été fait personnellement. »

Art. 163. « Le père ne rapporte point le don fait à son fils non successible. »

Cependant l'article 167 soumettait le conjoint successible au rapport du profit qu'il avait retiré, par suite de l'application des règles de la communauté, du don fait à son conjoint non successible (Fenet, t. II, p. 150 et 151).

La section de législation modifia l'art. 167 pour le mettre en rapport avec le principe des art. 162 et 163, et lui substitua l'art. 165 ainsi conçu : « Les dons faits au conjoint d'un époux successible ne sont point rapportables. »

Dans la discussion au Conseil d'État, M. Tronchet critiqua l'art. 105 ; il dit que cette disposition pourrait donner lieu à des fraudes, et qu'un père qui voudrait avantager un enfant au préjudice des autres, pourrait, si cet enfant était marié en communauté, donner à l'autre conjoint. Il voulait, en conséquence, que l'on en revînt à l'art. 167 du projet de l'an VIII. — M. Treilhard répondit que la section avait cru cette règle inutile, attendu que le père n'a pas besoin de masquer l'avantage qu'il veut faire au conjoint successible, puisqu'il peut ouvertement le dispenser du rapport. M. Tronchet reprit qu'alors la section établissait qu'il y avait dispense de rapport, mais qu'il valait mieux l'exprimer. Cette idée n'était point exacte, car si la section ne dispensait point le conjoint successible du rapport, c'est que ce conjoint n'était point donataire.

Toutefois, l'observation de M. Tronchet influa singulièrement sur la rédaction des art. 847 et 849 du Code civil.

Art. 847. « Les dons et legs faits au fils de celui qui se trouve successible à l'époque de l'ouverture de la succession, sont toujours réputés faits avec dispense de rapport. Le père venant à la succession du donateur n'est pas tenu de les rapporter. »

Art. 849. « Les dons et legs faits au conjoint d'un époux successible sont réputés faits avec dispense de rapport... »

Ces articles sont rédigés comme si c'était le père ou le conjoint successible qui étaient les véritables donataires, lorsqu'un don est fait au fils ou au conjoint non successible. Nous ne pensons cependant point que les art. 847 et 849 soient fondés sur l'idée d'une interposition de personnes : on comprenait la présomption d'interposition de personnes dans les coutumes où l'on ne pouvait faire une libéralité par préciput ; elle ne se comprendrait plus aujourd'hui que l'on peut avantager directement un successible. Aussi ne croyons-nous point que l'idée primitive de la section de législation ait disparu : pour être tenu du rapport, il faut être donataire ; le but des art. 847 et 849 a été uniquement d'abroger l'ancien droit.

Nous pensons en conséquence que l'on pourrait prouver que le don fait au fils ou au conjoint non successible est, en réalité, fait au père ou au conjoint successible.

L'art. 848 décide que « le fils venant à la succession du donateur, n'est pas tenu de rapporter le don fait à son père, même quand il aurait accepté la succession de celui-ci ; mais si le fils ne vient que par représentation, il doit rapporter ce qui avait été donné à son père, même dans le cas où il aurait répudié sa succession. »

L'art. 848 suppose deux hypothèses : 1° Le fils vient de son chef.

Lorsque le fils vient de son chef à la succession du donateur, il ne doit point le rapport du don fait à son

père, parce qu'il n'est point personnellement donataire. Peu importe qu'il ait profité de ce don par suite
du prédécès de son père, dont il a accepté la succession ; les avantages indirects sont rapportables, mais
à cette condition, qu'ils aient été faits à la personne
qui en profite : or, ici nous supposons que le don avait
été fait au père.

2° Le fils succède par représentation.

En ce cas, l'art. 848 soumet le fils au rapport du
don fait à son père. Il n'est point, il est vrai, personnellement donataire, mais comme le disait Pothier,
« qui alterius jure utitur, eodem jure uti debet. » Il
exerce les droits qu'aurait eus son père, s'il eût survécu, il doit être soumis aux mêmes charges.

Et il en est ainsi, ajoute l'art. 848, alors même que
par suite de sa renonciation à la succession de son
père, il n'aurait point profité du don qui lui avait été
fait. Il ne pourrait évidemment, en ce cas, y avoir
lieu qu'au rapport en moins prenant.

L'art. 848 soumet donc le représentant au rapport
du don fait au représenté, mais il ne dit point s'il doit
rapporter le don qu'il peut avoir reçu lui-même, ou
que peuvent avoir reçu des donataires intermédiaires
qu'il représente. Cette question délicate a donné lieu
à trois systèmes. Posons une espèce. Un bisaïeul a fait
trois donations, l'une à son fils, l'autre à son petit-fils,
l'autre à son arrière-petit-fils : cet arrière-petit-fils
vient par représentation à la succession du bisaïeul :
que doit-il rapporter ?

Dans un premier système, on soutient qu'il doit rapporter seulement le don fait à l'aïeul. — Il ne doit point rapporter le don qui lui a été fait, parce qu'il succède au nom du représenté dont il prend la place ; il exerce ses droits, il est juste qu'il soit soumis à ses obligations, mais on ne pourrait sans injustice le considérer à la fois comme succédant au nom du représenté et en son propre nom. Il y aurait d'ailleurs là quelque chose de contradictoire. — Il ne doit pas rapporter le don fait à son père, parce qu'en réalité il ne prend point sa place, il n'exerce point ses droits et par suite ne peut être soumis à ses obligations. (Marcadé, sur l'art. 848. M. Duverger, à son cours.)

Dans un second système, le représentant doit rapporter le don fait au représenté et celui qu'il a lui-même reçu. En effet, l'art. 848 n'avait point besoin de s'expliquer sur le don fait au représentant. Il est héritier et donataire, donc il se trouve dans les termes de l'art. 843, et par conséquent il doit le rapport. C'est en son propre nom, en vertu d'une vocation personnelle, qu'il succède ; il exerce les droits qu'aurait eus le représenté, s'il eût survécu, et est soumis à ses obligations, mais rien ne dit qu'il ne puisse avoir d'autres obligations personnelles. Et s'il peut paraître dur de faire rapporter au représentant à la fois deux donations, on peut dire qu'il ne serait point juste que le représentant vînt à la succession sans rapporter le don qui lui a été fait, dans une espèce où il n'aurait rien à rapporter au nom du représenté, tandis que ses cohéritiers, au contraire, devraient lui rapporter ce qu'ils pourraient avoir reçu du *de cujus*. (MM. Ducaurroy, Bonnier et Roustaing, t. II, n° 704.)

Enfin, dans un troisième système, le représentant doit rapporter ce qu'il a reçu et ce qui a été donné à tous ceux qu'il représente : dans l'espèce, l'arrière-petit-fils succédant par représentation à son bisaïeul doit rapporter ce qui a été donné à son père. En effet, il faut que le représentant occupe fictivement le degré de son père, son auteur immédiat, pour occuper ensuite le degré de son aïeul, son auteur médiat. Il sera d'ailleurs rare que la même personne ait ainsi à rapporter plusieurs donations. (Demolombe, n° 200. Aubry et Rau, t. V, pp. 313, 314.)

Il ne faut point confondre les cas de représentation avec l'espèce prévue par les art. 781 et 782 du Code civil, où il y a seulement transmission de succession. Celui à qui était échue une succession meurt sans l'avoir acceptée ni répudiée ; ses héritiers peuvent l'accepter de son chef ou la répudier. En cas de désaccord, ils doivent l'accepter sous bénéfice d'inventaire. Les héritiers acceptant, devront-ils le rapport ? Ils devront le rapport des dons que le défunt avait faits à leur père, mais non de ceux qu'il peut leur avoir faits à eux-mêmes, parce qu'ils ne sont point héritiers du donateur : ils ont trouvé seulement dans la succession de leur père le droit de recueillir la succession du donateur : ils l'exercent aux mêmes conditions que leur père.

L'art. 849 s'occupe des dons faits au conjoint de l'époux successible. « Les dons et legs faits au conjoint d'un époux successible sont réputés faits avec dispense de rapport. — Si les dons et legs sont faits conjointement à deux époux, dont l'un seulement est successible, celui-ci en rapporte la moitié ; si les dons sont faits à l'époux successible, il les rapporte en entier. »

Nous avons déjà expliqué les mots : sont réputés faits avec dispense de rapport. Nous avons dit que l'art. 849 comme l'art. 847 était fondé sur cette idée, que celui qui a reçu une libéralité en doit le rapport, qu'il en ait ou non profité. Ainsi, la femme qui a reçu une donation mobilière, accepte la communauté : elle doit rapporter le tout, quoiqu'elle ne profite que de moitié. Si elle renonce à la communauté, elle ne profite aucunement de la donation mobilière, elle doit cependant la rapporter tout entière. — Au contraire, le conjoint non donataire peut avoir, par l'effet de la communauté, profité du don fait à son conjoint, cependant il ne devra point le rapport.

En vertu de l'art. 849, la femme peut être tenue de rapporter une dot que l'insolvabilité de son mari lui a fait perdre. Le droit romain avait déjà prévu cette situation et cherché à y apporter un remède. C'est ce qu'a fait l'art. 1573 dans notre droit moderne. « Si le mari était déjà insolvable, et n'avait ni art ni profession lorsque le père a constitué une dot à sa fille, celle-ci ne sera tenue de rapporter à la succession du père que l'action qu'elle a contre celle de son mari, pour s'en faire rembourser. — Mais si le mari n'est devenu insolvable que depuis le mariage, ou s'il avait un métier ou une profession qui lui tenait lieu de bien, la perte de la dot tombe uniquement sur la femme. » Lorsque le mari était insolvable et n'avait ni art ni profession au moment du mariage, le père est en faute ; c'est sa succession et non sa fille qui en supportera seule les conséquences. Dans le cas contraire, le père n'est point en faute, le mari présentait une certaine garantie au moment du mariage : la femme supporte la perte de la dot.

L'art. 1573, quoique le motif qui l'a fait adopter soit général et ne s'applique point seulement sous le régime dotal, doit cependant être restreint à ce régime. En effet, l'art. 1573 est placé sous le chapitre spécial du Régime dotal, sa disposition est d'origine romaine et n'a jamais été admise en droit coutumier, enfin on sait que le chapitre consacré par notre Code au régime dotal n'existait point dans le projet. L'art. 1573 a donc été introduit comme partie intégrante de ce régime.

L'art. 1573 ne parle que de la dot constituée par le père ; mais on ne voit point de bonne raison pour distinguer entre le père et la mère et les autres ascendants, qui ont tous le devoir de prendre soin des intérêts de leur descendante. Mais l'art. 1573 ne comprendrait certainement point la dot constituée par un collatéral, par un oncle à sa nièce, par exemple. Si le mot père peut être entendu en ce sens qu'il comprenne, dans l'intention du législateur, tous les ascendants, on ne saurait lui faire comprendre même les collatéraux.

Les principes contenus dans les art. 847, 848 et 849 ne sont point seulement applicables au rapport des dons et des legs, mais aussi au rapport des dettes. Ainsi, le père n'est point tenu de rapporter ce qui a été prêté à son fils. Le fils venant de son chef à la succession du créancier n'est point tenu de rapporter les sommes dont son père peut être débiteur. Mais s'il ne succède que par représentation, il rapportera ce que son père devait. La femme ne doit point le rapport des sommes dont son mari peut être débiteur envers son père ou sa mère. Ce n'est point elle qui est débitrice. Toutefois, si la femme était mariée en communauté, et qu'elle eût accepté cette communauté dissoute avant la mort de son père ou de sa mère, elle serait devenue débitrice pour moitié, ou au moins jusqu'à concurrence de son émolument, et à ce titre tenue du rapport. Si elle avait répudié la communauté, ou si la communauté n'était point dissoute lors du décès de son père ou de sa mère, elle ne devrait point le rapport, n'étant point débitrice. Si la femme s'était obligée conjointement ou solidairement avec son mari, elle serait tenue du rapport pour moitié, ou pour le tout, sauf son recours contre son mari.

Tout ce paragraphe peut se résumer en un mot : pour devoir le rapport, il faut être donataire, légataire ou débiteur personnel. Il n'y a d'exception que pour le représentant qui n'est point donataire, légataire ou débiteur personnel de celui qui a fait un don ou un legs ou un prêt au représenté; il doit le rapport parce qu'il est soumis aux mêmes obligations que le représenté.

§ 4. — Il faut n'avoir point été dispensé du rapport.

C'est ce qu'exprime l'art. 843. Tout héritier « ne peut retenir les dons ni réclamer les legs à lui faits par le défunt, à moins que les dons et les legs ne lui aient été faits expressément par préciput et hors part ou avec dispense de rapport. »

1° A quel moment et dans quel acte peut être donnée la dispense de rapport?

Elle peut être concomitante ou postérieure à l'acte de libéralité. C'est ce qu'exprime l'art. 919 en ces termes : « La déclaration que le don ou le legs est à titre de préciput ou hors part, pourra être faite, soit par l'acte qui contiendra la disposition, soit postérieurement dans la forme des dispositions entre-vifs ou testamentaires. »

Lorsque la dispense est concomitante à la libéralité, l'art. 919 ne demande point qu'elle soit accordée dans un acte revêtu des formes des dispositions entre-vifs ou testamentaires. Du moment où la libéralité sera valable, la dispense de rapport sera également valable. Ainsi, en faisant avec son successible un contrat à titre onéreux, le père lui a fait un avantage qu'il a déclaré dispenser du rapport. Cette dispense contenue dans un acte à titre onéreux serait valable, parce que la libéralité qu'il renferme, est elle-même valable : *Accessorium sequitur principale.* — Lors au contraire que la dispense est postérieure à l'acte, elle doit, aux termes de l'art. 919, être revêtue des formes des dispositions entre-vifs ou testamentaires. La dispense constitue alors une libéralité nouvelle.

2° Comment doit être conçue la dispense de rapport?

Elle doit être expresse. Que faut-il entendre par ce mot?

Elle peut être littérale. Le défunt peut avoir déclaré faire la libéralité par préciput, ou hors part, ou avec dispense de rapport. Ce sont les termes mêmes de l'art. 843. Mais ces expressions ne sont point sacramentelles ; le disposant pourrait avoir dit, par exemple : le donataire ou le légataire cumulera sa libéralité avec sa part dans la succession.

Il n'est même point nécessaire que la dispense soit littérale : il suffit que la volonté de dispenser du rapport résulte clairement de la nature des dispositions faites par le *de cujus*. Ainsi nous verrions une dispense de rapport dans la disposition universelle faite par le *de cujus* au profit de l'un de ses enfants. Ses frères pourront sans doute réclamer leur réserve, mais le légataire universel pourra prendre sa part dans la réserve et la quotité disponible : le *de cujus* a eu certainement l'intention de l'avantager; puis-

qu'il l'appelait à toute sa succession, il est bien
évident qu'il avait l'intention qu'il ne rapportât
point. — Il semble qu'il faille décider de même
quand le *de cujus* a légué sa quotité disponible. Cependant l'intention du *de cujus* est ici moins certaine. En
effet, si le légataire était déjà héritier présomptif au
moment où le legs lui a été fait, on peut supposer que
le défunt a voulu lui conférer l'option entre sa part
héréditaire et le legs. Si le légataire n'était point héritier présomptif, comment peut-on dire que le *de cujus* a voulu le dispenser du rapport? (Demolombe,
n° 243.) — Il y aurait, au contraire, dispense de rapport dans une disposition à charge de substitution que
le *de cujus* aurait faite au profit de l'un de ses successibles. En effet, il doit pouvoir conserver pour pouvoir rendre. S'il rapporte, la substitution ne peut plus
s'exécuter. Le grevé ne doit donc point le rapport.
Mais l'appelé pourrait devoir le rapport, s'il avait déjà
recueilli les biens grevés de substitution au moment
de la mort du donateur, car il tient les biens *a gravante
non a gravato*. — Le partage d'ascendants est aussi
exclusif de l'idée de rapport. Lorsque le défunt a partagé ses biens entre ses enfants par donation ou par
testament, il ne peut y avoir un nouveau partage des
biens qu'il a partagés. Or le rapport suppose un nouveau partage. Sans doute, il pourra y avoir lieu à un
partage des biens que le *de cujus* n'aurait point compris dans le partage d'ascendants, mais ce partage ne
peut comprendre les biens déjà partagés.

La dispense de rapport peut donc résulter de la nature des dispositions du *de cujus*, mais on ne peut l'induire des circonstances, de la prédilection du *de cujus* pour un de ses enfants, par exemple; il faut qu'elle résulte de l'acte lui-même; la volonté de dispenser du rapport doit se lire dans la disposition même, sans quoi elle n'est point expresse.

Il nous reste à examiner la question de savoir si l'intention de dispenser du rapport pourrait résulter suffisamment des précautions prises par le *de cujus* pour dissimuler sa libéralité, soit sous l'apparence d'un contrat à titre onéreux, soit au moyen d'une interposition de personnes. Cette question suppose évidemment admise la validité des donations déguisées sous la forme d'un contrat à titre onéreux. Nous pensons que ces libéralités sont soumises au rapport.

En effet, l'art. 843 ordonne de rapporter les libéralités directes. ou indirectes. Or, il est évident qu'une libéralité déguisée est une libéralité indirecte. La loi distingue, il est vrai, dans l'article 1099, les libéralités indirectes et les libéralités déguisées, mais il n'en résulte pas que les libéralités déguisées ne soient point des libéralités indirectes. Pothier citait précisément comme exemple de libéralités indirectes les libéralités déguisées.

Ces libéralités sont donc soumises au rapport par l'art. 843, à moins que le donateur n'ait clairement manifesté l'intention de les en dispenser. Mais cette intention résulte, dit-on, du déguisement dont le donateur a revêtu sa libéralité. Nous ne croyons point cette idée exacte : en effet, le donateur peut avoir dissimulé la donation uniquement pour éviter des jalousies dans la famille, ou pour diminuer les droits perçus sur les actes à titre gratuit. Donc l'intention de dispenser du rapport ne résulte point clairement du déguisement : la donation déguisée doit être remise par l'héritier à la masse de la succession.

On objecte que la loi elle-même considère le déguisement comme entraînant dispense de rapport. C'est ce que montrent, dit-on, les art. 847 et 849 et l'art. 918. Les art. 847 et 849 supposent, en effet, que le don fait au fils est en réalité fait au père, que le don fait au conjoint non successible est en réalité fait au conjoint successible, et dispensent le père et le conjoint successibles, véritables donataires, de rapporter la donation qui leur a été faite, parce qu'elle a été dissimulée au moyen d'une interposition de personnes. Nous avons déjà répondu à cet argument en montrant que les art. 847 et 849 n'étaient point fondés sur l'idée d'interposition de personnes; qu'ils avaient eu, au contraire, pour but, d'abroger les interpositions de personnes que présumait l'ancien droit, et qu'ils reposaient uniquement sur l'idée que, pour devoir le rapport, il faut être donataire. — Quant à l'art. 918, il présume que certaines opérations à titre onéreux, lorsqu'elles sont intervenues entre le *de cujus* et son successible en ligne directe, sont des libéralités déguisées, et il les dispense du rapport; donc pour la loi le déguisement emporte dispense de rapport. Cet article ne nous paraît point probant : il frappe d'une présomption de gratuité des actes qui peuvent être très-sérieux : par une sorte de compensation et pour atténuer ce qu'il peut y avoir de rigoureux dans cette présomption, il dispense du rapport ces libéralités. Il s'occupe, non de libéralités déguisées, mais de libéralités déguisées présumées. L'art. 918 doit donc être considéré comme une disposition spéciale et exceptionnelle.

Voyons maintenant les effets de la dispense de rapport. L'article 844 nous les indique en ces termes : « Dans le cas même où les dons et legs auraient été faits par préciput ou avec dispense de rapport, l'héritier venant à partage ne peut les retenir que jusqu'à concurrence de la quotité disponible ; l'excédant est sujet à rapport. » Nous ne croyons point ces dernières expressions exactes : l'excédant n'est point sujet à rapport, mais à réduction ; ce n'est point le rapport qui est destiné à assurer aux héritiers leur réserve. S'il s'agissait de rapport et non de réduction, les réservataires ne pourraient revendiquer l'immeuble donné dans le cas où le donataire l'aurait aliéné (Cf. art. 860 et 930) ; l'estimation des meubles se ferait d'après leur valeur au moment de la donation, tandis que, s'il s'agit de réduction, elle se fera d'après leur valeur au moment du décès (Cf. 868 et 922) ; enfin les fruits seraient dus à partir du jour de l'ouverture de la succession, tandis qu'ils seront dus à partir du jour de l'ouverture de la succession si la demande en réduction a été faite dans l'année, sinon du jour de la demande. (Cf. 856 et 928.)

Un certain intervalle de temps peut s'écouler entre le moment où la libéralité est faite et celui où elle est dispensée du rapport (art. 919). Ainsi le *de cujus* fait une libéralité à un de ses enfants, puis une libéralité à un étranger, ce n'est qu'ensuite qu'il dispense du rapport la libéralité qu'il a faite à son fils. Si la libéralité faite à l'étranger épuise la quotité disponible, le fils imputera sa donation sur la réserve. La dispense de rapport ne peut rétroagir au préjudice des droits des tiers.

CHAPITRE II

A QUELLE SUCCESSION EST DU LE RAPPORT?

Art. 850. « Le rapport ne se fait qu'à la succession du donateur. » Le motif de cet article est simple : le rapport a pour but d'établir l'égalité entre les héritiers du donateur.

Ainsi supposons que le grand-père a fait une donation à son petit-fils. Le père a succédé au grand-père. Puis le petit-fils succède à son père. Ses frères et sœurs pourraient-ils lui demander le rapport, en se fondant sur cette idée que la succession de leur père se trouve amoindrie par le don que le grand-père a fait à son petit-fils? Ils ne le pourraient point : l'article 850 s'y oppose.

Pour savoir quand il y aura lieu à rapport, il faut donc déterminer quel est le donateur. Entrons à ce sujet dans quelques explications relativement aux constitutions de dot.

Si le père ou la mère ont doté personnellement, le rapport se fait à la succession du père ou de la mère donateur.

Si les père et mère ont doté conjointement, sans expression de parts, ils sont censés avoir doté chacun pour moitié. La dot devra donc être rapportée pour moitié à la succession de chacun d'eux. (Art. 1438.) Peu importe que la donation ait été faite en biens communs ou en biens propres à l'un des époux, seulement, au second cas, l'époux sur les biens duquel la dot aurait été prise aurait une action en indemnité contre son conjoint.

Si les père et mère avaient doté conjointement, mais avec expression de parts, le rapport devrait se faire à la succession de chacun d'eux, suivant la part pour laquelle il a déclaré donner. — Si les époux avaient déclaré que la dot serait imputable sur la succession du prémourant, le prémourant serait alors censé avoir donné seul, et c'est à sa succession seule que devrait se faire le rapport.

Si les père et mère ont doté solidairement, le rapport sera dû pour moitié à la succession de chacun d'eux, sans tenir compte du point de savoir si l'un n'a point payé le tout : car ce sont les père et mère qui ont doté. Il y a une grande analogie avec le cas où les père et mère dotent conjointement en biens propres à l'un d'eux : on ne s'occupe point alors de rechercher qui a payé, il doit en être de même dans notre hypothèse.

Sous le régime de communauté, le mari peut doter seul l'enfant commun en effets de la communauté, la dot est alors à la charge de la communauté, en sorte que la femme, qui l'accepte, en est tenue pour moitié.

CHAPITRE III

A QUELLES PERSONNES EST DU LE RAPPORT?

L'article 857 répond à cette question : « Le rapport n'est dû que par le cohéritier à son cohéritier; il n'est pas dû aux légataires ni aux créanciers de la succession. » En d'autres termes, les personnes qui ont droit au rapport sont les mêmes que celles qui doivent le rapport.

Pour avoir droit au rapport, il faut être héritier : nous n'avons qu'à nous référer aux explications que nous avons déjà données sur le point de savoir quelles sont les personnes que la loi considère comme héritières dans la section du rapport.

Il faut non-seulement être héritier, mais venir à la

succession pure et simple ou bénéficiaire, car le rapport est une opération du partage, et il ne peut y avoir de partage qu'entre personnes qui ont accepté la succession.

Le droit au rapport est un droit pécuniaire : les créanciers de l'héritier ont donc le droit de l'exercer au nom de leur débiteur. (Art. 1166.) Ainsi les créanciers personnels de l'héritier, ou les créanciers du défunt qui sont devenus créanciers personnels de l'héritier par suite de son acceptation de la succession du défunt, ont droit au rapport.

Mais il n'en est point de même des créanciers de la succession qui ne sont point devenus créanciers de l'héritier parce qu'il a accepté sous bénéfice d'inventaire. Cela tient à ce que le rapport a été introduit uniquement dans l'intérêt des héritiers, pour établir entre eux l'égalité. C'est pour le même motif que le rapport n'est point dû aux légataires.

1° Le rapport n'est pas dû aux créanciers de la succession.

A. *Legs.* — Le rapport des legs n'est point dû aux créanciers de la succession, et cependant ces legs ne s'exécuteront qu'après que les créanciers de la succession auront été désintéressés. Mais cela ne tient point à ce que le rapport serait dû aux créanciers, mais au principe que les legs ne peuvent s'exécuter que si les créanciers ont été désintéressés : *nemo liberalis nisi liberatus.* Cela est tellement exact, que s'il s'agissait d'un legs par préciput, les créanciers auraient encore le droit d'être désintéressés avant l'acquittement du legs : or, en ce cas, il est bien certain qu'il ne peut être question de rapport.

B. *Donations entre-vifs.* — Par suite du rapport des donations entre-vifs, il va rentrer dans la succession du *de cujus*, des biens qui ne pourront servir à désintéresser les créanciers. Cela a paru quelquefois étrange, et cependant les créanciers ne peuvent point se plaindre. Ce n'est point en leur faveur que le rapport est établi. S'ils étaient créanciers antérieurement à la donation consentie par le *de cujus*, ils sont dans leur tort d'avoir suivi la foi de leur débiteur, de ne point lui avoir demandé de sûretés, mais au contraire de l'avoir laissé libre d'augmenter ou de diminuer son patrimoine. S'ils sont devenus créanciers du défunt postérieurement à la donation, ils n'ont jamais dû compter sur un bien qui n'était plus dans le patrimoine du défunt au moment où ils ont contracté avec lui, et qui, par suite, n'a point pu devenir leur gage.

Le rapport ne peut donc profiter aux créanciers de la succession, il est juste qu'il ne puisse point non plus leur nuire, c'est-à-dire que les biens rapportés ne rentrent pas dans la succession relativement aux créanciers. Ainsi le *de cujus* a donné 100 à l'un de ses héritiers, il laisse 100 d'actif et 100 de passif. L'héritier donataire rapporte les 100 qu'il a reçus, en moins prenant, et son cohéritier prend les 100 qui forment l'actif héréditaire. Peut-il en vertu du principe de la division des dettes (art. 873 et 1220) ne payer que moitié des dettes et pour l'autre moitié renvoyer le créancier à son cohéritier insolvable? Cette prétention ne peut être admise : « Il ne se peut pas que les biens donnés rentrent dans la succession contre l'intérêt des créanciers du défunt, tandis qu'ils n'y rentrent pas dans leur intérêt, dit M. Demolombe ; il faut évidemment que ces biens-là soient vis-à-vis des créanciers de la succession *tout à fait en dehors ou tout à fait en dedans*, et, en dernière analyse, le rapport, puisqu'il leur est absolument étranger, ne doit pas plus leur nuire qu'il ne peut leur profiter. »

2° Le rapport n'est pas dû aux légataires.

A. *Donations entre-vifs.* — Les légataires n'ont point droit au rapport des donations entre-vifs : pour eux, les biens donnés étaient définitivement sortis du patrimoine du *de cujus* avant que leur droit ne prît naissance. Ils ne peuvent donc faire acquitter leurs legs que sur les biens qui se trouvent dans la succession; si ces biens sont insuffisants, ils ne peuvent réclamer leur paiement sur les biens rapportés.

L'héritier légataire par préciput n'a pas plus de droits : il peut demander le rapport comme héritier et en profiter à ce titre, mais il ne peut prétendre faire exécuter son legs sur les biens rapportés.

B. *Legs.* — Le rapport des legs n'est point dû

aux légataires, c'est-à-dire que l'héritier légataire peut venir prendre son legs concurremment avec les légataires étrangers : si les biens laissés par le *de cujus* sont insuffisants pour acquitter tous les legs, l'héritier légataire peut prendre un dividende dans ces biens avec les autres légataires ; seulement, comme il doit le rapport à ses cohéritiers, il partagera avec eux ce qu'il aura obtenu.

Le sens de la règle que le rapport n'est point dû aux légataires est donc que les légataires ne peuvent faire acquitter leurs legs sur les biens donnés entre-vifs, ou sur les biens laissés dans la succession par préférence aux legs faits à des héritiers.

Il ne faudrait pas en exagérer la portée pour soutenir que les biens donnés entre-vifs ne pourraient être réunis aux biens existant dans la succession, pour calculer conformément à l'art. 922 la part à laquelle le légataire a droit dans les biens laissés dans la succession. Ainsi le *de cujus* avait deux enfants ; il a donné à l'un 45 000 francs, il meurt laissant deux enfants pour héritiers, un légataire de sa quotité disponible, et 15 000 francs. Les enfants ne peuvent point dire que le rapport des donations n'étant point dû aux légataires, c'est seulement sur les 15 000 fr. laissés dans la succession que doit se calculer la quotité disponible, ce qui réduirait le legs à 5000 francs. L'art. 922 qui détermine la manière de calculer la quotité disponible, veut que l'on réunisse fictivement à la masse les biens donnés : c'est donc sur 60 000 fr.

qu'il faut calculer la quotité disponible, c'est-à-dire qu'elle est de 20 000 fr. Mais nous ne prétendons point que le légataire pourra prendre ces 20 000 fr. ; l'art. 857, qui veut que le légataire ne puisse faire acquitter son legs que sur les biens existant dans la succession, s'y oppose : il ne prendra donc que les 15 000 fr. laissés par le *de cujus*.

Les héritiers ont toutefois soutenu que le légataire n'aurait point droit à ces 15 000 francs. Ils ont fait le raisonnement suivant : le *de cujus* a épuisé la quotité disponible lorsqu'il a donné à l'un de nous 45 000 francs ; nous avons le droit d'imputer ce don sur la quotité disponible, vous ne pouvez nous forcer de l'imputer sur la réserve, car ce serait nous demander de vous faire le rapport : l'article 857 s'y oppose : donc le legs de la quotité disponible est caduc. Mais on a répondu aux héritiers qu'on ne leur demandait point le rapport, qu'on leur demandait seulement d'imputer sur leur réserve ce qu'ils avaient reçu en avancement d'hoirie, parce que le *de cujus* n'avait point entendu en faisant une donation à l'un de ses enfants se priver du droit de disposer au profit d'un étranger.

Si le *de cujus* n'avait point légué sa quotité disponible, mais une fraction de ses biens comme un tiers ou un quart, sans dire s'il entendait que cette fraction fût calculée sur tous ses biens en y comprenant les biens donnés entre-vifs ou seulement sur les biens laissés à son décès, le légataire n'aurait droit qu'à un tiers ou à un quart des biens qui se trouvent dans la succession, parce que le *de cujus* ayant perdu tout droit aux biens donnés entre-vifs, il est présumable qu'il n'a entendu parler que des biens restés dans son patrimoine.

CHAPITRE IV

OBJET DU RAPPORT

Le rapport peut avoir pour objet des avantages entre-vifs, des legs ou des dettes.

§ 1er. — Rapport des avantages entre-vifs.

A. *Avantages soumis au rapport.* — « Tout héritier... doit rapporter à ses cohéritiers *tout ce qu'il a reçu du défunt par donation entre-vifs directement ou indirectement.* » (Art. 843.)·

Il faut avoir reçu quelque chose du défunt. Ainsi il ne suffirait point pour être tenu de rapporter que le *de cujus* vous eût promis une libéralité qu'il n'a point exécutée. Rien n'est sorti du patrimoine du défunt, rien ne doit y rentrer. Peu importe le motif qui fait qu'il n'a point exécuté sa promesse : il était insolvable, où il a été déchargé de sa promesse, ou bien la prescription s'est accomplie. Dans tous ces cas, la solution doit être la même. On a soutenu, il est vrai, que la prescription libérait le défunt, parce qu'il était présumé avoir exécuté sa promesse, et que dès lors il y avait lieu au rapport. Mais tel n'est point le seul fondement de la prescription : ce peut être soit une présomption de paiement, soit la punition d'une négligence de la part du créancier, soit l'intérêt social qui est de ne point laisser durer perpétuellement les actions. Quoi qu'il en soit, ce qui résulte de la prescription, c'est que le débiteur est libéré, non que le créancier a reçu ce qui lui était dû.

Il faut avoir reçu quelque chose du *défunt*. Une femme est mariée sous le régime dotal : dix ans se sont écoulés depuis l'échéance des termes pris pour le payement de sa dot : la femme ou ses héritiers peuvent la répéter contre le mari après la dissolution du mariage, sans être tenus de prouver qu'il l'a reçue, à moins qu'il ne justifie de diligences inutilement par lui faites pour s'en procurer le payement (art. 1569). Les cohéritiers de la femme venant avec elle à la succession de leur père qui lui avait constitué une dot, ne pourront demander à la femme le rapport de la dot qu'elle a reçue de son mari.

Mais du moment que l'héritier a reçu quelque chose du défunt, il doit rapporter, sans qu'il y ait à tenir compte du temps depuis lequel il peut avoir reçu. L'obligation au rapport ne prenant, en effet, naissance qu'à partir de l'ouverture de la succession, c'est seulement à partir de ce moment que l'héritier donataire peut commencer à se libérer de son obligation.

On doit rapporter tout ce que l'on a reçu du défunt directement ou indirectement.

Ainsi, les donations ordinaires revêtues des formes exigées par les articles 931 et suivants sont soumises au rapport. Il en est de même des donations par contrat de mariage : l'article 1090 ne les soumet, il est vrai, qu'à la réduction, mais on ne peut en tirer un argument *a contrario* qui ferait sortir du droit commun les donations par contrat de mariage, tandis que l'article 1090 les y fait rentrer.

Les donations rémunératoires ou avec charges sont-elles soumises au rapport ? Il faut d'abord mettre complétement de côté le cas où la donation n'est au fond qu'un acte à titre onéreux, il ne saurait alors être question de rapport. Mais si la donation constitue réellement une libéralité, il y aura lieu à rapport : elle ne devrait être rapportée que pour partie, parce que c'est seulement pour partie qu'elle constitue une véritable donation. Si elle est mobilière, le rapport se faisant en moins prenant, il sera facile de tenir compte de ce qui ne doit point être rapporté. Si elle est immobilière, le rapport doit se faire en nature ; des auteurs pensent que l'immeuble entier doit être rapporté, sauf indemnité pour le donataire ; il nous semble que l'on pourrait appliquer ici, par analogie, la règle écrite dans l'article 866.

Le don manuel doit aussi être rapporté, sauf application de l'article 852 qui dit que les présents d'usage sont exemptés du rapport. L'article 647 du projet de

Cambacérès dispensait du rapport les dons manuels
n'excédant point deux mille francs. (Fenet., t. I,
p. 271.) Mais l'importance du don étant essentielle-
ment relative et dépendant de la situation pécuniaire
du donateur, la règle actuelle est beaucoup plus satis-
faisante.

Les donations indirectes peuvent résulter d'actes
unilatéraux de la volonté du défunt.

Ainsi un père renonce à un legs, pour le faire passer
à un de ses enfants qui est son colégataire ou qui lui
est substitué ; une femme renonce à la communauté
opulente de son premier mari, pour enrichir les enfants de son premier lit : on a soutenu que dans ces
hypothèses il n'y avait point lieu à rapport, parce que
rien n'était passé du patrimoine du renonçant dans le
patrimoine de la personne qu'il voulait avantager.
Renoncer à une communauté, à un legs, c'est, a-t-on
dit, n'y avoir jamais eu de droits ; celui qui en profite
à la place du renonçant, en profite en vertu d'un droit
propre que lui confère la loi. Cela est vrai, aussi ne
soutenons-nous point que le renonçant a conféré un
avantage direct, mais un avantage indirect : et il nous
paraît impossible de le méconnaître, puisque la renonciation a eu lieu uniquement pour faire naître la vocation légale de celui au profit duquel on renonçait. Il
y a donc lieu à rapport.

Il faudrait donner la même solution si une femme
qui a le droit de reprendre ses apports en renonçant, acceptait la communauté mauvaise de son

premier mari pour favoriser les enfants du premier lit.

La démission qu'un père donnerait en faveur de son fils d'un office pour lequel le droit de présentation existe, constituerait également un avantage indirect. Il en serait ainsi, par exemple, pour les offices de notaires, avoués, greffiers. (Loi du 28 avril 1816 art. 94 et du 25 juin 1841.) Mais si le fils n'avait été nommé à un office en remplacement de son père que par suite de la destitution de ce dernier, comme cette destitution enlève au père le droit de présentation, il n'y aurait plus lieu à rapport.

Les avantages indirects peuvent aussi résulter d'actes intervenus entre le *de cujus* et un tiers. Ainsi le *de cujus* a stipulé au profit de son fils dans les termes où cette stipulation est permise par l'article 1121. Le successible devra le rapport de cet avantage.

Le *de cujus* peut encore avoir payé la dette de son successible. Aux termes de l'article 851, il y a lieu à rapport. Il faut que ce soit bien la dette de son successible que le *de cujus* ait acquittée et non sa propre dette : ainsi, il n'y aurait point lieu à rapport si le *de cujus* avait acquitté la dette résultant d'un délit ou d'un quasi-délit de son successible mineur habitant avec lui.

Il faut non-seulement que la dette que le *de cujus* a payée fût bien une dette de son successible, mais encore que ce fût une véritable dette qui aurait donné lieu contre son successible à une action en justice. Si c'est une dette prescrite ou une dette usuraire ou une dette de jeu que le *de cujus* a payée pour son successible, nous pensons qu'il n'y a point lieu au rapport, soit qu'il ait payé pour un successible majeur soit qu'il ait payé pour un successible mineur. L'article 851 assujettit l'héritier au rapport de ce qui a été employé pour le paiement de ses dettes, mais il va sans dire qu'il faut que ce soient de véritables dettes dont le paiement ait procuré au successible un avantage qui puisse faire la base d'un rapport. Toutefois, on est loin d'être d'accord quand c'est la dette d'un successible mineur que le *de cujus* a acquittée.

Suivant quelques auteurs, il y aurait toujours lieu au rapport. La question a été discutée au Conseil d'État, et c'est, dit-on, en ce sens qu'elle a été résolue. (Locré, t. X, p. 128-138.) Cette décision a l'avantage de protéger la famille contre les prodigalités ruineuses d'un des enfants. Enfin cet enfant est lui-même protégé par la prudence de son père qui sera juge des dettes qu'il doit acquitter dans l'intérêt même de son enfant. — Selon d'autres auteurs, la justice apprécierait les circonstances, la nature de la dette, son importance, la fortune du père, l'intérêt qu'avait l'enfant à ce que la dette fût acquittée, pour décider s'il y a ou non lieu au rapport. — Nous partageons l'opinion de ceux qui pensent que le payement de ces sortes de dettes ne donnent jamais lieu au rapport. Si l'on concède que l'art. 851 ne s'applique qu'au payement des véritables dettes lorsqu'il s'agit de dettes d'un majeur, il faut admettre la même solution lorsqu'il s'agit de dettes d'un mineur, puisque l'art. 851 ne distingue point. (Locré, *Légis. civ.*, t. X, p. 134.) Autrement le mineur serait moins protégé que le majeur, puisque le premier serait soumis au rapport, tandis que le second ne le serait point. Enfin on permettrait au mineur de dissiper ainsi d'avance sa fortune, quand la loi a voulu le protéger en ne lui permettant pas de s'obliger. (Locré, t. X, p. 230.)

C'est une dette personnelle de son enfant que le *de cujus* acquitte quand il le remplace du service militaire. Aux termes de l'art. 1er de la loi du 19 fructidor an VI, « tout Français est soldat et se doit à la défense de la patrie. » Le rapport est donc dû en principe. Nous ne distinguerons point si le prix du remplacement était modique eu égard à la fortune des parents, car on ne peut voir dans le remplacement un présent d'usage. (Art. 852.) Nous ne distinguerons point non plus lorsque le père a traité avec une compagnie d'assurances, si le fils a tiré un bon ou un mauvais numéro : c'est au moment où le contrat aléatoire a été passé qu'il faut s'attacher pour apprécier l'utilité de ce contrat. Mais nous admettrions un tempérament fort équitable : nous croyons que le successible ne devrait point être soumis au rapport s'il pouvait prouver que c'est dans l'intérêt de la famille qu'il a été remplacé. (Riom, 13 fév. 1844. Dev. 1844, II, 633.)

Lorsque le défunt a ainsi payé la dette de son successible, il peut avoir voulu lui faire une donation ou un prêt. Dans le premier cas, il y aura lieu au rapport d'une donation, dans le second, au rapport d'une dette. Nous verrons bientôt, en parlant du rapport des dettes, les différences importantes qui le distinguent du rapport des donations. Quant au point de savoir dans quel cas il y aura eu donation, dans quel cas il y aura eu prêt, c'est aux circonstances de fait qu'il faut s'attacher.

Enfin les avantages indirects peuvent résulter de contrats passés à titre onéreux entre le défunt et son successible. En principe, il n'y a point lieu à rapport pour les avantages que le successible a pu retirer de ces conventions, mais toutefois à la condition qu'elles n'aient point présenté d'avantage au moment où elles ont été faites.

« ….Il n'est pas dû de rapport des profits que l'héritier a pu retirer de conventions passées avec le défunt, si ces conventions ne présentaient aucun avantage indirect lorsqu'elles ont été faites. » (Art. 853.) C'est une vente, par exemple, que le *de cujus* a consentie à son successible, au juste prix : l'objet vendu a ensuite augmenté de valeur, il n'y a point lieu au rapport. Rien de plus juste, puisqu'il n'y a point là un avantage que le successible a reçu du *de cujus*, mais que les circonstances ont produit. L'objet vendu a augmenté de valeur, il aurait pu aussi en diminuer.

Mais si la vente n'avait point été faite au juste prix, il y aurait lieu au rapport de l'avantage fait au successible. Toutefois il faudrait que cet avantage fût sérieux, car il est impossible de fixer exactement la valeur des choses; on devra donc rechercher si les faits peuvent faire admettre que le *de cujus* ait eu l'intention d'avantager son successible.

Mais admettons que cette première question soit résolue en fait : il y a lieu à rapport. Qu'est-ce qui devra être rapporté? L'art. 853 répond que ce sont les profits : la convention subsisterait. Toutefois nous admettrons que la convention elle-même pourrait être considérée comme non avenue, si elle avait eu pour but de conférer un avantage au successible, au lieu de renfermer seulement pour lui un avantage. Il faut distinguer l'avantage *dans causam contractui* et l'avantage *incidens in contractum*. Au premier cas ce serait une véritable libéralité qu'il s'agirait de rapporter. Ainsi nous avons vu que c'était une question controversée dans l'ancien droit que celle de savoir ce qui devait être rapporté quand le *de cujus* avait consenti à son successible une vente d'immeuble à vil prix. Pothier pensait que l'opinion la plus juridique était de faire rapporter la différence du prix payé avec le juste prix, quand le *de cujus* avait bien voulu faire une vente, et au contraire l'immeuble quand le *de cujus* avait voulu donner. Mais il ne s'arrêtait point à cette opinion; il trouvait que la recherche de l'intention du *de cujus* pourrait donner lieu à trop de procès, et déclarait, qu'en tout cas, c'était l'héritage qui devait être rapporté. Nous pensons qu'il faut distinguer, selon l'opinion que Pothier préférait en théorie, si le *de cujus* a voulu faire une vente ou donner.

Il est un contrat pour lequel la loi a tracé des règles spéciales en matière de rapport dans l'art. 854 ; nous voulons parler de l'association. Il ne suffit point que le contrat fût sérieux, il faut encore, pour qu'il n'y ait point lieu à rapport, que l'on ait observé les formalités prescrites par l'art. 854. « Pareillement il n'est pas dû de rapport pour les associations faites sans fraude entre le défunt et l'un de ses successibles, lorsque les conditions en ont été réglées par un acte authentique. » Il résulte de cet article que, pour qu'il n'y ait point lieu à rapport, il faut non-seulement que l'association n'ait point contenu d'avantage indirect au moment où elle a été faite, mais encore que les conditions en aient été réglées dans un acte authentique. La loi a pensé que la société pouvait facilement contenir des avantages indirects : de là des précautions spéciales ; l'acte authentique assure date certaine à la société et empêche de supprimer l'acte dont on pourra vérifier toutes les clauses dans la minute qui reste chez le notaire.

Aussi l'enregistrement ne pourrait-il remplacer l'authenticité de l'acte, exigée par l'article 854. Il ne garantit point contre la suppression de l'acte et n'en fait point connaître les termes.

La publication et l'affiche d'un acte de société commerciale, conformément aux articles 42 et 43 du Code de commerce, ne pourraient non plus remplacer l'authenticité de l'acte. Ce sont seulement des extraits des actes de société qui sont transcrits sur les registres tenus à cet effet au greffe du Tribunal de commerce et qui sont affichés dans la salle des audiences. Or ce sont toutes les clauses de l'acte que les intéressés ont besoin de connaître, pour apprécier s'il y a dans la convention des avantages indirects, notamment les clauses relatives à la répartition des bénéfices et des pertes qui ne sont point publiées. (Art. 43, Code de commerce.)

A défaut d'acte authentique, des auteurs pensent qu'il n'y a point nécessairement lieu à rapport : la loi présume que la société contenait un avantage indirect, mais l'héritier peut démontrer que cette présomption n'est point conforme à la réalité. Nous croyons au contraire que l'article 854 exigeant pour qu'il n'y ait point lieu à rapport que les conditions de la société aient été réglées par acte authentique, il y a lieu à rapport quand cette prescription de la loi n'a point été suivie. C'est là, il est vrai, une solution rigoureuse, mais qui nous paraît exigée par le texte de l'article 854. Il n'y a qu'un moyen de la tempérer, c'est de permettre au successible qui rapporte les bénéfices qu'il a pu retirer de la société, de demander une indemnité pour le temps et le travail qu'il a donnés aux affaires de la société, en vertu du principe que nul ne peut s'enrichir aux dépens d'autrui. On a pu ainsi accorder au successible une indemnité égale à ses bénéfices. (Cass. 17 août 1864. Dev. 1865, I. 121.)

B. *Avantages dispensés du rapport.* — Certains avantages sont dispensés du rapport. Ils sont énumérés par l'art. 852 : « Les frais de nourriture, d'entretien, d'éducation, d'apprentissage, les frais ordinaires d'équipement, ceux de noces et présents d'usage ne doivent pas être rapportés. » Le motif commun de ces exceptions, c'est qu'en général ces avantages se font sur les revenus, qu'ils ne diminuent point par conséquent la fortune du donateur, qui aurait dépensé ces revenus autrement. Toutefois, alors même que ces avantages auraient été faits sur les capitaux, ils seraient dispensés du rapport, car l'art. 852 ne distingue point.

Les frais de nourriture, d'entretien, d'éducation et d'apprentissage sont dispensés du rapport, pour quelque héritier qu'ils aient été faits. Il ne faudrait pas voir dans la dispense de rapport qui est ici accordée, une conséquence de l'obligation imposée aux père et mère par l'art. 203 ; car il en résulterait que l'art. 852 s'appliquerait seulement entre les enfants du défunt. Nous ne distinguerons point si les héritiers avaient ou non des biens personnels, s'ils étaient majeurs ou mineurs, mariés ou non mariés, établis ou non établis, si la dépense faite par le *de cujus* a été ou non considérable eu égard à sa fortune. Ainsi l'un des enfants peut avoir reçu du *de cujus* une éducation brillante, tandis que les autres n'ont reçu qu'une éducation ordinaire : nous croyons qu'il n'y a point lieu à rapport ; la généralité des termes de l'art. 852 s'oppose à toute distinction. Tout ce que l'on peut dire, c'est qu'il pourrait être juste que le *de cujus* disposât

de sa quotité disponible en totalité ou en partie au pro‑
fit du successible qui n'aurait point reçu les mêmes
avantages que son cohéritier.

Parmi les frais d'éducation, nous comprendrons
les achats de livres, d'instruments d'étude, les hono‑
raires des maîtres même d'agrément, les frais de
voyage, d'inscriptions même pour le doctorat. Mais
l'achat d'une bibliothèque nous paraîtrait rentrer dans
les frais d'établissement et comme tel serait soumis au
rapport (851).

Parmi les frais de noces, nous comprendrons les
frais de repas, mais non les frais de trousseau. Telle
était la doctrine de Pothier.

L'article 852 dispense du rapport certains avan‑
tages; l'article 856 en dispense les fruits et intérêts
de certains avantages soumis eux-mêmes au rapport.

« Les fruits et intérêts des choses sujettes à rapport ne
sont dus qu'à compter du jour de l'ouverture de la
succession. »

Pothier donnait pour motif de cette disposition que
les fruits ne sont point sortis du patrimoine du *de cu‑*
jus; cette explication serait insuffisante, puisque l'ar‑
ticle 843 soumet au rapport même les avantages indi‑
rects. Mais ce sont des fruits, des revenus, c'est-à-dire
des avantages qui présentent le même caractère que
ceux compris dans l'article 852 : le *de cujus* eût vécu
plus largement avec ces fruits, s'il n'eût point fait la
donation; sa succession n'est donc pas amoindrie, et
le successible lui-même ne s'est pas enrichi, car il a

consommé ces fruits, et ce serait le ruiner que de vouloir les lui faire rapporter.

Ainsi le successible ne rapporte point les arrérages des rentes perpétuelles ou viagères qui lui ont été données. Il pourrait même réclamer les arrérages qui lui seraient dus lors de la mort du donateur. On objecterait en vain qu'il n'est dispensé du rapport des fruits que parce qu'il est présumé les avoir consommés : il a compté sur eux, il a pu les dépenser d'avance.

Le successible ne devrait point non plus le rapport des fruits perçus en vertu d'un droit d'usufruit que lui aurait donné le *de cujus*.

Jusqu'ici nous avons supposé que la donation avait un objet principal et que cet objet produisait des fruits; mais le *de cujus* peut avoir donné à un successible une pension annuelle, la jouissance d'un immeuble sans constituer un usufruit. Des auteurs ont pensé que l'article 856 n'est pas alors applicable, parce qu'il ne dispense du rapport que les fruits et intérêts des choses sujettes à rapport. Nous pensons qu'il faut s'attacher à l'intention du défunt. A-t-il voulu donner un capital, ou des intérêts, des fruits destinés à être consommés au jour le jour? Au premier cas, il y a lieu au rapport, au second le rapport cesse d'être dû. Ainsi un père délègue à un enfant les revenus d'un de ses immeubles; il n'y a point lieu à rapport, il lui a donné des annuités destinées à le faire vivre. Mais un père constitue une dot de 100 000 fr.

à un de ses enfants, déclare qu'elle sera payab'o en dix ans et lui délègue pendant dix ans les revenus d'un de ses immeubles loué 10 000 francs par an. C'est un capital de 100 000 francs que le *de cujus* a constitué en dot à son successible et que celui-ci devra par conséquent rapporter à sa succession.

Le rapport des intérêts ou des fruits des choses données n'est point dû jusqu'au jour de l'ouverture de la succession, mais est dû à partir de cette époque (art. 856) de plein droit, sans demande en justice. (Cf. art. 1473 et 1846.)

La règle est différente en matière de réduction. (Art. 928.) Les fruits de ce qui excède la quotité disponible sont dus à partir du décès du donateur si la demande a été faite dans l'année, sinon ils ne sont dus que du jour de la demande. En cas de rapport le donataire sait d'avance qu'il doit les fruits à partir du moment de l'ouverture de la succession, tandis qu'il ne peut savoir si la donation est réductible, en sorte que, quand une année s'est écoulée depuis l'ouverture de la succession, il peut se croire à l'abri de la réduction.

Il nous reste à parler de la dispense du rapport contenue dans l'article 918. « La valeur en pleine propriété des biens aliénés, soit à charge de rente viagère, soit à fonds perdu, soit avec réserve d'usufruit à l'un des successibles en ligne directe, sera imputée sur la portion disponible, et l'excédant, s'il y en a un, sera rapporté à la masse. Cette imputation et ce rapport ne pourront être demandés par ceux des autres successibles en ligne directe qui auraient consenti à ces aliénations, ni dans aucun cas par les successibles en ligne collatérale. »

Ainsi lorsqu'une aliénation à fonds perdu, à charge de rente viagère par exemple, ou une aliénation avec réserve d'usufruit a été consentie par le *de cujus* au profit d'un successible en ligne directe, l'article **918** décide qu'il faut imputer sur la quotité disponible, la valeur en pleine propriété des biens aliénés, c'est-à-dire que la loi présume que ces opérations, lorsqu'elles interviennent avec un successible en ligne directe, sont en réalité des opérations à titre gratuit, mais par une sorte de compensation d'une présomption qui peut n'être point exacte, elle dispense le successible du rapport.

Toutefois cette présomption légale, accompagnée d'une dispense de rapport, cesserait si les autres successibles en ligne directe avaient consenti à ces aliénations.

Si le contrat avait eu lieu avec un successible en ligne collatérale, il n'y aurait plus présomption d'avantage ni dispense de rapport. Les cohéritiers se trouveraient en face d'une opération à titre onéreux, en tout ou en partie ; ils pourraient seulement prétendre, conformément au droit commun, que le contrat contient un avantage, pour le faire soumettre au rapport.

§ 2. — Rapport des legs.

Ce ne sont point seulement les avantages entre-vifs que le Code déclare rapportables, mais même les avantages testamentaires. Nous avons déjà remarqué ce qu'il paraissait y avoir là d'exagéré. Il semble impossible qu'un legs n'ait pas été fait dans l'intention de conférer un avantage préciputaire.

Aux termes de l'article 843 : « Tout héritier,... ne peut retenir les dons, ni réclamer les legs à lui faits par le défunt, à moins que les dons et legs ne lui aient été faits expressément par préciput et hors part ou avec dispense du rapport. »

L'héritier ne peut réclamer le legs, a-t-on dit : donc le legs est absolument comme non avenu, si l'héritier accepte ; s'il renonce, il pourra réclamer le legs. La seule utilité du legs fait à un héritier serait donc l'option entre le legs et sa part héréditaire. — Mais il est des cas où l'option n'est qu'un droit insignifiant ou dérisoire ; il suffit de supposer un legs minime et une part héréditaire importante ; aussi a-t-on proposé de décider que le légataire pourrait au moins se faire attribuer l'objet légué dans sa part héréditaire ; mais ce système ne nous paraît point avoir de base juridique solide. — Nous croyons que le légataire n'aurait le droit d'imputer le legs sur sa part héréditaire que dans les cas où le rapport se fait en moins prenant. Aux termes des articles 843, 844, 847, 849, le léga-

taire est soumis au rapport. Il faut donc appliquer aux
legs les règles relatives au rapport, et notamment à
la manière dont il s'opère. Nous ne violons point l'article 843 ; car quand il dit que l'héritier ne peut retenir les dons, il veut seulement dire qu'il ne peut les
retenir en sus de sa part héréditaire, puisque les articles 868, 869, 859 permettent de faire le rapport
en moins prenant. De même l'héritier légataire ne
pourra réclamer son legs en sus de sa part héréditaire,
mais il pourra le réclamer, sauf à rapporter en moins
prenant dans les cas où la loi autorise cette manière
d'opérer le rapport, c'est-à-dire lorsque le legs est
mobilier (868), ou si le legs est immobilier lorsqu'il y
a dans la succession des immeubles de même nature,
valeur et bonté dont on puisse former des lots à peu
près égaux pour les autres cohéritiers (art. 859).

§ 3. — Rapport des dettes.

L'héritier doit encore rapporter les sommes dont il
est débiteur. (Art. 829.) « Chaque cohéritier fait le rapport à la masse, suivant les règles qui seront ci-après
établies, des dons qui lui ont été faits et des sommes
dont il est débiteur. »

Nous avons vu l'origine de ce rapport dans notre
ancien droit. « Le prêt fait par le père, disait Lebrun,
deviendrait un avantage s'il n'était point sujet à rapport ;
la première règle du rapport est l'égalité, qui se trouverait autant blessée par le défaut de rapport de ce

qui a été prêté que de ce qui a été donné. » (Liv. III, c. vi, sect. 2, n° 2.) En d'autres termes, le motif du rapport était que le prêt, qui dans notre ancien droit était toujours gratuit, constituait un avantage au profit du successible.

Quels sont les effets du rapport des dettes ?

Remarquons d'abord une grande différence entre le rapport des dons et celui des dettes. L'héritier donataire ou légataire qui renonce à la succession peut conserver le don ou le legs qu'il a reçus (art. 485). Au contraire, l'héritier débiteur qui renonce à la succession, s'il ne doit point le rapport, ne cesse point d'être débiteur.

Par suite de l'obligation au rapport, le débiteur est déchu du bénéfice du terme (850), il doit des intérêts à partir du jour de l'ouverture de la succession (art. 856), enfin il doit imputer sur sa part héréditaire ce dont il est débiteur, tandis que ses cohéritiers prélèvent dans la succession une somme égale. On s'est demandé toutefois si les cohéritiers en faisant ces prélèvements n'exerçaient point un véritable privilége à l'encontre des créanciers personnels de leur cohéritier débiteur ? Mais l'article 830 est formel pour autoriser les prélèvements par les héritiers. Les cohéritiers du débiteur n'exercent point d'ailleurs un véritable privilége, ils n'agissent point en qualité de créanciers, mais de copartageants, comme le prouve le droit qu'ils ont de se payer en nature sur les biens de la succession, tandis qu'un créancier n'a que le droit de faire vendre les biens de son débiteur. Il fallait bien autoriser les cohéritiers à opérer ces prélèvements pour établir l'égalité entre héritiers ; on a voulu remédier ainsi à la perte que l'insolvabilité du débiteur aurait pu faire éprouver à ses cohéritiers.

Ainsi à l'ouverture de la succession naît pour l'héritier débiteur l'obligation au rapport, mais il n'en est pas moins soumis comme débiteur à l'ancienne action en paiement. Les créanciers peuvent avoir intérêt à exercer cette action, qui peut être munie de garanties, pour l'excédant de la dette sur la part héréditaire du successible.

Mais pour que cette obligation au rapport ait pu naître à côté de l'action en paiement, il faut que la dette subsiste encore au moment de l'ouverture de la succession. Il semble dès lors que, soit que le prêt ait été fait à titre gratuit, soit qu'il ait été fait à titre onéreux, dans tous les cas, il n'y a plus lieu à rapport, lorsque la prescription s'est accomplie. Nous pensons toutefois qu'il faut distinguer entre le prêt gratuit et le prêt intéressé. La prescription n'empêcherait point le rapport d'être dû pour un prêt gratuit, parce qu'un prêt gratuit constitue un avantage pour l'héritier, (art. 843.) et que c'est seulement à partir de l'ouverture de la succession que le rapport est dû pour les avantages que l'héritier a pu recevoir du *de cujus*, sans s'inquiéter du point de savoir depuis combien de temps ces avantages ont pu être faits. (Art. 2257.)

A quelles dettes s'applique l'obligation de rapporter?

Elle s'applique aux dettes dont l'héritier peut être tenu envers le défunt. Toutefois ces dettes peuvent provenir de différentes causes : nous devons les passer en revue.

Elles peuvent provenir de prêts gratuits : le rapport leur est applicable.

Elles peuvent provenir de contrats à titre onéreux entre le *de cujus* et son successible. Si ces dettes sont exigibles au moment de l'ouverture de la succession, il y a lieu au rapport. Mais il en serait autrement si elles n'étaient point exigibles à cette époque. En effet si l'art. 820 soumet l'héritier au rapport des sommes dont il est débiteur, d'une manière générale, l'art. 853 montre que le législateur veut que les contrats à titre onéreux sérieux, intervenus entre le *de cujus* et un successible, produisent les mêmes effets que les contrats entre étrangers. Priver le successible du bénéfice du terme, ce serait dénaturer le contrat. Nous pensons que la même décision devrait être donnée au cas où ce ne serait pas le *de cujus* qui aurait été originairement créancier de son successible, mais où il le serait devenu en succédant à la créance d'un tiers contre son successible. On a soutenu que dans cette hypothèse il y aurait lieu d'appliquer l'obligation du rapport avec toutes ses conséquences, parce que l'article 820 est général et que l'article 853 n'y apporte point de dérogation dans l'espèce, puisqu'il suppose un contrat intervenu entre le *de cujus* et son successible. Mais pourquoi distinguerait-on entre une convention passée entre le *de cujus* et son successible que la loi assimile à une convention passée entre étrangers parce qu'elle est sérieuse, et une convention passée primitivement entre étrangers qui est devenue une convention entre le *de cujus* et son successible?

Les dettes peuvent encore provenir de quasi-contrats, de délits ou de quasi-délits commis par le successible envers le *de cujus*. Il y aurait lieu à rapport (829).

Nous avons supposé jusqu'ici des dettes entre le *de cujus* et son successible, mais le rapport peut être dû pour d'autres dettes, qui ont pris naissance entre les cohéritiers, à raison même de leur qualité de cohéritiers et relatives à la succession. Ainsi un des héritiers a perçu des fruits, ou reçu des sommes dues à l'hérédité. Il en doit le rapport. Nous nous trouvons en effet dans les termes de l'article 829. Si l'on objectait que le même article 829 parle de dons et que par conséquent lorsqu'il parle de dettes, il doit se référer à des opérations passées entre le *de cujus* et son successible, on pourrait répondre que l'article 828 parle précisément de la liquidation des comptes que les copartageants peuvent se devoir et que ce rapprochement détermine le sens de l'article 829.

Il nous reste à examiner la question de savoir si le montant de la remise que le *de cujus* a faite à son successible dans un concordat doit être rapporté par lui à sa succession.

Les uns ont prétendu qu'il y avait toujours lieu à rapport. (Art. 829.) Le failli concordataire est encore tenu d'une obligation. Il est frappé de certaines incapacités jusqu'au complet acquittement de sa dette : il ne peut se présenter à la Bourse (art. 613 Code de commerce), il n'est point électeur ni éligible. (Art. 15 et 27 du décret du 2 février 1852.)

D'autres ont soutenu au contraire qu'il n'y avait jamais lieu à rapport parce qu'il n'y avait plus dette. En obligeant le failli concordataire au rapport, on lui ferait payer une dette à l'acquittement de laquelle il ne peut être contraint ; les incapacités dont il est frappé jusqu'à sa complète libération ne font point qu'il existe à sa charge une obligation civile.

Nous croyons devoir nous rallier à un troisième système d'après lequel on distingue suivant que le prêt a été fait par le *de cujus* à son successible dans son propre intérêt ou dans l'intérêt de son successible. Au second cas, il y a un avantage, et aux termes de l'article 843, il y a lieu à rapport. Il est, sans doute, intervenu un concordat, mais le concordat n'empêche point que le *de cujus* n'ait fait à son successible un avantage : il ne peut modifier le caractère de l'acte primitif. C'est ce que disait Pothier pour soumettre au rapport la remise qui avait été accordée dans un concordat. Mais lorsqu'il s'agit au contraire d'un prêt intéressé (hypothèse que Pothier ne prévoyait point,

parce que le prêt, dans l'ancien droit, était toujours
gratuit), il n'y a pas lieu à rapport, parce que le rapport ne pourrait être exigé que s'il existait encore une
dette, et que la dette n'existe plus. Mais alors, dit-on,
si un père fait un prêt à deux de ses enfants, dont l'un
est commerçant, et que l'un tombe en déconfiture,
l'autre en faillite, l'inégalité va être flagrante au cas
où le commerçant obtiendrait un concordat : l'un rapporterait tout ce qui lui a été prêté, l'autre seulement
ce dont on ne lui a point fait remise. Mais ce résultat
est conforme aux principes : si j'ai deux débiteurs dont
l'un tombe en faillite et obtient un concordat tandis
que l'autre tombe en déconfiture, je pourrai poursuivre contre le second le payement intégral de la dette,
tandis que je ne pourrai poursuivre le premier qu'un
paiement partiel. C'est là une conséquence forcée des
règles sur le concordat. (M. Demolombe n° 384. Cass.
17 avril 1850. Dev. 1850. I. 610.)

CHAPITRE V

COMMENT S'EFFECTUE LE RAPPORT

Le rapport se fait en nature ou en moins prenant.
Le rapport en nature est la remise réelle à la succession de l'objet donné. Le rapport en moins prenant
n'est au contraire qu'une remise fictive : l'héritier qui

doit le rapport, laisse ses cohéritiers prélever, sur la masse de la succession, une valeur égale à celle qui lui a été donnée, léguée ou prêtée. C'est ce que disent les art. 830 et 831.

Art. 830. « Si le rapport n'est pas fait en nature, les cohéritiers à qui il est dû prélèvent une portion égale sur la masse de la succession. — Les prélèvements se font autant que possible en objets de même nature, qualité et bonté que les objets non rapportés en nature. »

Art. 831. « Après ces prélèvements, il est procédé, sur ce qui reste dans la masse, à la composition d'autant de lots égaux qu'il y a d'héritiers copartageants ou de souches copartageantes. »

Les prélèvements s'exercent sans tirage au sort. Cela résulte des art. 830 et 831 ; ce sont les parties d'accord, ou si elles sont incapables, leurs représentants munis des autorisations qui peuvent leur être nécessaires pour procéder au partage, qui détermineront les objets à prélever, sauf l'homologation du tribunal. (Art. 981, Code de proc. civ.)

La valeur que le cohéritier doit rapporter, peut être supérieure à sa part héréditaire. Le rapport en moins prenant ne pouvant avoir lieu que dans la limite de la part héréditaire, l'héritier doit tenir compte de cet excédant à la succession, sur ses biens personnels.

Nous allons rechercher maintenant dans quels cas le rapport se fait, soit en nature, soit en moins prenant. Nous distinguerons pour cela le rapport des immeubles et des meubles.

§ 1er. — Rapport des immeubles.

En principe, le rapport des immeubles se fait en nature. C'est la meilleure manière de rétablir l'égalité : la succession se trouve alors composée comme si le *de cujus* n'avait point donné.

Ainsi le donataire contracte l'obligation de rapporter l'immeuble qui lui est donné, s'il vient à la succession. Il est débiteur du rapport sous condition suspensive jusqu'au moment de l'ouverture de la succession. Il devient alors débiteur, par cela seul qu'il est saisi, mais il peut détruire l'effet de la saisine par une renonciation. Enfin, il exécute son obligation au moment du partage.

De ces principes, résultent les conséquences suivantes : Si l'immeuble sujet au rapport a péri avant l'ouverture de la succession, le donataire est libéré ; son obligation ne peut prendre naissance faute d'objet. (Art. 1182.) Si l'immeuble a péri après l'ouverture de la succession, il est encore libéré, en vertu du principe : *debitor rei certæ ejus interitu liberatur.* (Art. 1302.) Pour qu'il en soit ainsi, il faut que l'immeuble ait péri par cas fortuit. Il y aurait lieu au rapport si c'était par la faute du donataire que son obligation n'avait pu prendre naissance ou qu'elle s'était éteinte. C'est ce que dit l'art. 855 : « L'immeuble qui a péri par cas fortuit et sans la faute du donataire n'est pas sujet à rapport. » Le donataire est tenu, aux termes du droit commun, de prouver le cas fortuit qu'il allègue. (Art. 1302.) En cas d'incendie, l'art. 1733 établit des règles de preuve spéciales : le locataire ne peut se libérer qu'en établissant certains faits limitativement déterminés par la loi. Nous n'appliquerons point l'art. 1733 si le donataire habitait la maison qui lui a été donnée. Il règle les rapports du locataire et du bailleur, mais non des cohéritiers entre eux. — Le donataire libéré par la perte de la chose doit céder à ses cohéritiers les droits ou actions en indemnité qu'il peut avoir par rapport à cette chose. (Art. 1303.) Il ne serait point toutefois tenu de rapporter à ses cohéritiers, l'indemnité qu'il aurait reçue d'une compagnie d'assurances, en cas d'incendie, parce que cette indemnité ne représente pas l'immeuble lui-même, mais les primes qui ont été versées.

L'immeuble peut avoir été dégradé ou amélioré par le donataire. Au premier cas, il est débiteur envers ses cohéritiers; au second, il est au contraire leur créancier (863). Les dépenses d'entretien, ou les dépenses voluptuaires restent à la charge du donataire : les premières, parce qu'elles sont une charge des revenus; les secondes, parce qu'elles n'enrichissent point la succession. La succession doit au contraire tenir compte au donataire des dépenses utiles qu'il a pu faire, à raison de la plus-value qu'elles ont produite, au moment du partage. Si la dépense était moins considérable que la plus-value, il suffirait de rembourser la dépense ; il faut seulement que la succession ne s'enrichisse point au détriment du donataire (art. 861). Quant aux dépenses nécessaires, et nous venons de voir qu'il faut entendre par là seulement les grosses réparations, et non les dépenses d'entretien, il y a lieu à indemniser le donataire. Peu importe qu'elles n'aient point amélioré le fonds : ainsi la grange nécessaire à une métairie a été reconstruite par le donataire, puis elle a été détruite par le feu du ciel, il n'y en a pas moins lieu à indemnité ; si l'immeuble fût resté entre les mains du *de cujus*, il eût fait cette dépense ; c'est le donataire qui l'a faite, *pecuniæ defuncti pepercit.*

L'art. 867 accorde une garantie au donataire pour le payement des sommes qui lui sont dues par ses cohéritiers. « Le cohéritier qui fait le rapport en nature d'un immeuble peut en retenir la possession jusqu'au remboursement effectif des sommes qui lui sont dues pour impenses ou améliorations. » Dans l'ancien droit, il y avait lieu au rapport en moins prenant, lorsque les héritiers ne voulaient point tenir compte au donataire de ses impenses. Dans notre droit moderne, il y a toujours lieu au rapport en nature, mais le donataire a le droit de retenir l'immeuble jusqu'à ce qu'il soit remboursé.

Nous venons de voir les effets du rapport en nature entre héritiers ; l'art. 865 parle de ses effets vis-à-vis des tiers. « Lorsque le rapport se fait en nature, les biens se réunissent à la masse de la succession francs et quittes de toutes charges créées par le donataire; mais les créanciers ayant hypothèque peuvent intervenir au partage, pour s'opposer à ce que le rapport se fasse en fraude de leurs droits. » (Art. 865.) C'est en conséquence de ce principe qu'un propriétaire sans condition résolutoire ne peut transmettre que des droits résolubles. La loi y a fait exception en cas d'aliénation. (Art. 860.)

Les biens se réunissent à la succession francs et quittes de toutes charges, de servitudes aussi bien que d'hypothèques. La loi a pu respecter les aliénations (art. 860) pour ne pas entraver la circulation des biens, mais elle n'a point voulu respecter également les charges qui au contraire y apportent des entraves.

Lorsque le bien rapporté tombe au lot de l'héritier qui l'a rapporté, les anciennes charges doivent renaître ; l'héritage rapporté est censé avoir toujours continué d'appartenir à l'enfant à qui il avait été donné. Il ne peut se prévaloir d'une résolution établie dans l'intérêt de ses cohéritiers.

Les créanciers hypothécaires et généralement tous ceux qui ont des droits réels sur l'immeuble peuvent intervenir au partage. L'art. 865 ne parle que des créanciers hypothécaires, mais il n'entend point exclure ceux qui ont d'autres droits réels. Ils pourront ainsi empêcher que le partage ne se fasse en fraude de leurs droits, c'est-à-dire que les cohéritiers ne s'entendent, soit pour faire un partage en nature, quand ils pourraient le faire en moins prenant, soit pour que l'immeuble rapporté en nature ne tombe point au lot de l'héritier qui l'a rapporté.

Par exception, le rapport des immeubles peut se faire en moins prenant dans les cas suivants :

1° Lorsque le donataire a aliéné l'immeuble. (Art. 859.) Nous avons vu cependant que le donataire n'était propriétaire que sous condition résolutoire, et par conséquent il ne devrait pouvoir transmettre que des droits résolubles. C'est ce que décidait l'art. 865 quand il disait que l'immeuble rapporté rentrait dans la masse franc et quitte de toutes charges. Au contraire, d'après l'art. 859, le donataire a pu conférer une propriété incommutable. C'est là un défaut de logique qui peut s'expliquer par les précédents historiques. On n'a fait que reproduire l'ancien droit. Ce n'est point d'ailleurs le seul cas où la loi établit une différence entre la concession de charges sur un bien et la concession de la propriété par un propriétaire sous condition résolutoire. Ainsi en matière de réduction, on discute les biens du donataire avant d'évincer les tiers acquéreurs, tandis que le droit des créanciers hypothécaires est résolu sans discussion. (Art. 929 et 930.)

Pour que l'art. 859 s'applique, il faut supposer que l'immeuble a été aliéné avant l'ouverture de la succession, car, à partir de l'ouverture de la succession, l'immeuble donné devient un bien héréditaire et ne peut être aliéné sans le consentement des cohéritiers. C'est ce que dit formellement l'art. 860 : « Le rapport

n'a lieu qu'en moins prenant, quand le donataire a
aliéné l'immeuble avant l'ouverture de la succession... » — Peu importe que l'aliénation ait été faite
à titre gratuit ou à titre onéreux : les art. 859 et 860
ne distinguent point.

Ce qui doit être rapporté en moins prenant,
ce n'est point la valeur de l'immeuble lors de la donation ou le prix de la vente, mais la valeur de l'immeuble à l'époque de l'ouverture de la succession. « Le
rapport...... est dû de la valeur de l'immeuble à l'époque de l'ouverture. » (Art. 860.) On ne permet point
au donataire de changer par son fait l'objet de son
obligation : ce qu'il doit, c'est l'immeuble, seulement
au lieu d'exécuter son obligation en nature, il l'exécute
par équivalent. Toutefois, si c'était l'immeuble qu'il
rapportait, il le rapporterait tel qu'il se trouve au moment du partage, tandis que d'après l'art. 860, ce
qu'il doit, c'est la valeur de l'immeuble au moment
de l'ouverture de la succession. C'est une innovation
du Code civil : on s'attachait dans l'ancien droit à la
valeur de l'immeuble lors du partage, c'est-à-dire au
moment où s'exécutait l'obligation, et non au moment
où elle prenait naissance.

Si l'immeuble a péri par cas fortuit, avant l'ouverture de la succession, entre les mains des tiers acquéreurs, l'héritier donataire ne doit plus le rapport. L'art.
855 ne distingue point : l'immeuble qui a péri par cas
fortuit n'est pas sujet à rapport. Et l'art. 860 veut que
l'on estime la valeur de l'immeuble au moment de

l'ouverture de la succession, pour en faire le rapport en moins prenant : or on ne peut plus l'estimer dans l'espèce, puisqu'il n'existe plus. L'héritier peut profiter alors du prix de vente, « mais ce profit lui vient de sa bonne fortune, et n'est pas un avantage qu'il ait aux dépens de la succession du défunt, qui ne lui a donné que l'héritage, qui étant péri, ne se trouverait plus dans la succession du défunt, quand même il ne lui aurait pas été donné. » (Pothier. Introd. au titre XVII de la cout. d'Orléans, n° 92.)

Nous avons supposé que c'était avant l'ouverture de la succession que l'immeuble avait péri : si c'était seulement depuis l'ouverture de la succession, le rapport ne serait pas moins dû, parce que c'est au moment de l'ouverture de la succession qu'a été déterminée la valeur à rapporter (Art. 860.) Ce n'est pas une *res certa* qui est due, mais une valeur.

L'immeuble peut avoir subi des dégradations, ou reçu des améliorations entre les mains du tiers acquéreur. Le donataire doit en tenir compte à la succession. C'est ce que dit l'art. 864 : « Dans le cas où l'immeuble a été aliéné par le donataire, les améliorations ou dégradations faites par l'acquéreur doivent être imputées conformément aux trois articles précédents. » Or parmi ces articles se trouve l'art. 861 qui veut que les améliorations soient appréciées au moment du partage. Cet article paraît d'ailleurs se référer à l'hypothèse où l'immeuble a été aliéné, comme l'indiquent les mots : « dans tous les cas, » par lesquels il commoitié, rapprochés de l'article 860, où il s'agit du rapport de l'immeuble aliéné; il y a là quelque chose d'inconciliable avec l'art. 860. En effet, d'après l'art. 860, c'est au moment de l'ouverture de la succession qu'est fixée la valeur de l'immeuble, et d'après l'art. 861, ce serait au moment du partage qu'il faudrait apprécier les améliorations. Nous pensons que c'est au moment de l'ouverture de la succession, qu'il faudra apprécier les améliorations, puisqu'elles contribuent à la valeur de l'immeuble. Il ne faut voir dans ces mots : « dans tous les cas » qu'un vestige de notre ancien droit, où en effet on s'attachait toujours à la valeur de l'immeuble au moment du partage.

Tout ce que nous venons de dire ne s'applique que lorsque le donataire a aliéné volontairement l'immeuble donné; mais s'il avait subi une expropriation pour cause d'utilité publique, par exemple, ou une action en réméré, il devrait les sommes qu'il aurait reçues. L'obligation de rapporter l'immeuble s'est convertie en une nouvelle obligation, celle de rapporter une somme d'argent : il en résulte que le donataire doit cette somme, sans qu'il y ait à s'inquiéter des augmentations ou des diminutions de valeur ou même de la perte de l'immeuble.

2° Le rapport peut n'avoir lieu qu'en moins prenant, lorsqu'il y a dans la succession des immeubles de même nature, valeur et bonté dont on puisse former des lots à peu près égaux pour les autres cohéritiers. (Art. 859). C'est là une faculté pour le donataire qui peut avoir intérêt à conserver l'immeuble donné sans que ses cohéritiers puissent s'en plaindre, puisqu'ils auront dans leur part un immeuble de même nature, valeur et bonté. Si le donataire le préférait, il pourrait rapporter en nature. C'est ce que décidait Pothier (*Succ.*, chap. IV, art. 2, § 8.)

Quoique le rapport se fasse en moins prenant, ce n'en est pas moins l'immeuble même qui fait l'objet du rapport : aussi la perte de l'immeuble avant le partage, libérerait le donataire du rapport ; et c'est au moment du partage qu'il faut se placer pour comparer la valeur des immeubles.

3° Lorsque l'immeuble a péri par la faute du donataire ou de ses ayants-cause, le rapport ne peut plus avoir lieu en nature ; il aura donc lieu en moins prenant. Nous pensons que la valeur à moins prendre sera celle que l'immeuble aurait eue à l'époque du partage, lorsque c'est par la faute du donataire que l'immeuble a péri ; c'est, en effet, l'immeuble qu'il aurait rapporté, avec sa valeur à cette époque, s'il n'eût point péri par sa faute. Nous pensons, au contraire, que la valeur à moins prendre serait celle que l'immeuble aurait eue au moment de l'ouverture de la succession, si c'était par la faute du tiers acquéreur que l'immeuble eût péri : parce que l'art. 860 décide que c'est la valeur de l'immeuble à cette époque qui est due en cas d'aliénation.

4° Enfin, le rapport a encore lieu en moins prenant, lorsque le *de cujus* a dispensé le donataire du rapport en nature. Le donataire a alors le choix entre le rapport en nature et le rapport en moins prenant.

Parmi les articles consacrés par la loi au rapport des immeubles, se trouve l'art. 866. Quoiqu'il s'occupe de réduction et non de rapport, nous devons l'expliquer. Art. 866 : « Lorsque le don d'un immeuble fait à un successible avec dispense du rapport, excède la portion disponible, le rapport de l'excédant se fait en nature, si le retranchement de cet excédant peut s'opérer commodément. Dans le cas contraire, si l'excédant est de plus de moitié de la valeur de l'immeuble, le donataire doit rapporter l'immeuble en totalité, sauf à prélever sur la masse la valeur de la portion disponible ; si cette portion excède la moitié de la valeur de l'immeuble, le donataire peut retenir l'immeuble en totalité, sauf à moins prendre et à récompenser ses cohéritiers en argent ou autrement. » Cet article suppose que le don d'un immeuble a été fait avec dispense de rapport, donc il ne peut être question de rapport ; mais ce don dépasse la quotité disponible, il s'agit de savoir comment il sera réduit. Et voici la décision du Code. Il faut d'abord distinguer si l'immeuble est ou non aisément partageable. S'il peut se partager aisément, le retranchement de l'excédant se fait en nature. Malgré les termes de l'art. 866 qui paraissent ordonner la réduction en nature, nous pensons que la réduction pourrait avoir lieu en moins prenant : car d'après l'article 924, l'héritier peut retenir l'équivalent de sa part dans la réserve, lorsqu'il y a des biens de même nature dont on puisse former les lots de ses cohéritiers. — Au contraire, si l'immeuble est impartageable, le droit commun voudrait qu'il fût licité (art. 827 et 1626) ; mais la loi a tracé une règle différente dans l'article 866 ; elle est fondée sur l'adage : « major pars trahit ad se minorem.» Le Code décide qu'il faut comparer la valeur de l'immeuble à la quotité disponible. Si la quotité disponible est supérieure à la moitié de la valeur de l'immeuble, le donataire le conserve, sauf à moins prendre dans la succession et à récompenser ses cohéritiers en argent ou autrement. Si, au contraire, la quotité disponible est inférieure à la moitié de la valeur de l'immeuble, le donataire doit rendre l'immeuble à la masse, sauf à prélever la valeur de la quotité disponible.

On a soutenu que ce n'était point la quotité disponible qu'il fallait comparer à la valeur de l'immeuble, mais la quotité disponible et la réserve du donataire : les termes de l'article 866 sont contraires à cette interprétation.

L'article 866 suppose que le don a été fait à un successible. Il faudrait donc, si l'immeuble est impartageable, revenir au droit commun, c'est-à-dire à la licitation, dans le cas où la donation d'un immeuble aurait été faite à un étranger. Il en serait de même si la donation n'avait pas été faite à un étranger, mais à un successible qui aurait renoncé à la succession.

Si la quotité disponible était égale à la moitié de la

valeur de l'immeuble, on a proposé différentes solutions. Les uns veulent que le donataire conserve le don : « in pari causa melior est causa possidentis ». D'autres laissent aux tribunaux le soin d'apprécier la meilleure solution à donner suivant les espèces. Nous nous rallions à l'opinion de ceux qui pensent que nous devons, en ce cas, revenir au droit commun, c'est-à-dire à la licitation (827 et 1686).

§ 2. — Rapport des meubles.

Le principe qui régit le rapport des meubles est complétement différent de celui qui régit le rapport des immeubles. Le rapport des immeubles se fait en nature, il remet la succession dans l'état où elle se trouverait si l'immeuble n'avait point été donné. Au contraire, le rapport des meubles se fait en moins prenant, et la valeur laissée par l'héritier dans la succession est l'équivalent de la valeur qui en est sortie.

Pourquoi cette différence ? Il y a des meubles qui se consomment par l'usage et pour lesquels, par conséquent, le rapport en nature est impossible ; en tous cas les meubles sont soumis à de grandes variations de valeur ; en général ils se détériorent par l'usage : il a paru juste de faire supporter la perte résultant de la détérioration à celui qui a joui de l'objet donné. Les meubles se transforment d'ailleurs si facilement en argent que la loi a pu ne considérer en eux que leur valeur.

Article 868 : « Le rapport du mobilier ne se fait

qu'en moins prenant. Il se fait sur le pied de la valeur
du mobilier lors de la donation, d'après l'état estimatif
annexé à l'acte; et, à défaut de cet état, d'après une
estimation par experts, à juste prix et sans crue. »

Le rapport ne se fait qu'en moins prenant, c'est-à-
dire que l'héritier ne pourrait offrir, et que les cohéritiers ne pourraient exiger le rapport en nature. Mais
le donateur aurait pu exprimer valablement la volonté
que le rapport se fît en nature.

C'est une valeur que doit le donataire; il s'ensuit
que la perte des meubles ne le libérerait point de
l'obligation de rapporter : il supporte les détériora-
tions et les dépréciations, il peut profiter des améliora-
rations.

La valeur à rapporter est celle qui est constatée dans
l'état estimatif annexé à l'acte de donation conformément à l'article 948. A défaut d'état estimatif, dit l'article 868, la valeur des meubles est appréciée par des
experts à juste prix et sans crue. Cette estimation par
experts peut être nécessaire, quoique l'article 948
exige un état estimatif pour que la donation d'effets
mobiliers soit valable : car cet état estimatif peut avoir
été dressé et être égaré; de plus, il n'est point demandé par la loi pour la validité des donations ma-
nuelles; enfin alors même qu'un état estimatif n'aurait
point été dressé quand il aurait dû l'être et que la donation serait nulle, il n'y aurait pas moins lieu à rapport, non d'une donation, il est vrai, mais d'une dette;
et il faudrait estimer la valeur qu'avait le mobilier au

moment où le successible le recevait sans cause.

L'art. 868 s'applique aux meubles corporels. En effet, aux termes de l'art. 535 le mot mobilier comprend tout ce qui est meuble. Il est d'ailleurs employé dans l'art. 868 par opposition aux immeubles dont la loi a réglé le rapport dans les articles précédents. Si l'art. 868 ne s'appliquait point au rapport du mobilier incorporel, il y aurait dans la loi une lacune inexplicable. Donc le rapport des rentes, des créances, des offices, se fera d'après leur valeur vénale au moment de la donation.

L'article 869 établit une règle particulière au rapport de l'argent donné. « Le rapport de l'argent donné se fait en moins prenant dans le numéraire de la succession. En cas d'insuffisance, le donataire peut se dispenser de rapporter du numéraire, en abandonnant jusqu'à due concurrence du mobilier, et, à défaut de mobilier, des immeubles. »

C'est la somme numérique que le donataire a reçue qu'il doit abandonner à la succession. Il n'y a pas à tenir compte de l'augmentation ou de la diminution de valeur des espèces. (Art. 1895.)

S'il n'y a point suffisamment de numéraire dans la succession, il peut se dispenser de rapporter du numéraire en abandonnant du mobilier, et même, à défaut de mobilier, mais alors seulement, en abandonnant des immeubles.

Il est des auteurs qui ont voulu appliquer l'article 869 toutes les fois que le donataire doit rapporter une va-

leur, soit que ce soit un meuble d'une nature quelconque, ou même un immeuble qui lui ait été donné, si
cet immeuble a péri par sa faute ou s'il l'a aliéné. Dans
tous les cas, a-t-on dit, c'est une valeur que l'héritier
doit rapporter : il est, vis-à-vis de ses cohéritiers,
dans la même position que l'héritier qui a reçu de l'argent, il y a donc lieu d'appliquer l'article 869. D'autres
ont pensé qu'il fallait l'appliquer, non au rapport des
immeubles, mais au rapport du mobilier, parce que le
donataire du mobilier est censé, d'après l'article 868,
avoir reçu une valeur. Nous pensons, quant à nous, que
cet article ne s'applique qu'au rapport de l'argent donné.
Tels sont ses propres termes. Cette décision est d'ailleurs conforme au principe contenu dans l'article 830 :
« Les prélèvements se font, autant que possible, en
objets de même nature, qualité et bonté, que les objets
non rapportés en nature. » Nous croyons donc que les
cohéritiers du donataire ont droit de prélever des immeubles ou des meubles suivant que le donataire rapporte en moins prenant des immeubles ou des
meubles.

POSITIONS

DROIT ROMAIN.

I. — La loi 10, D. 37, 6, est contraire aux lois 1,
§ 1 et 1, § 8, D. 37, 6.

II. — La collatio a lieu entre l'émancipé et l'héritier sien, alors même qu'ils succèdent par la *bonorum
possessio unde cognati.*

III. — Antérieurement à la Novelle 18, Chap. 6,
l'émancipé institué ne doit point en principe la collatio.
La l. 2, D. 37, 7, n'est point contraire à cette règle.

IV. — Dans le droit classique, la collatio n'a point
lieu entre émancipés. Il faut corriger, avec Pothier,
la loi 1, § 16, D. 37, 8.

V. — L'ancienne collatio n'existe plus après la loi
21, C. 6, 20.

HISTOIRE DU DROIT.

I. — Il n'y avait point incompatibilité, dans les
pays de droit écrit, entre les qualités d'héritier et de
légataire.

II. — L'héritier bénéficiaire devait le rapport à ses cohéritiers, alors même qu'il faisait abandon aux créanciers de sa part héréditaire.

DROIT CIVIL.

I. — Le rapport n'est point fondé seulement sur l'intention présumée du *de cujus*, mais aussi sur le désir de maintenir l'égalité entre les successeurs *ab intestat.*

II. — L'héritier qui succède par représentation doit rapporter non-seulement ce qui a été donné à ceux qu'il représente, mais encore ce qui lui a été donné à lui-même.

III. — Les libéralités déguisées sont soumises au rapport.

IV. — Les avantages résultant de la renonciation du *de cujus* à un droit auquel son successible était appelé concurremment avec lui ou à son défaut, doivent être rapportés par ce dernier, si la renonciation a eu lieu dans l'intention de gratifier.

V. — L'héritier légataire peut demander que la chose à lui léguée soit comprise dans son lot par voie d'imputation sur sa part héréditaire, lorsque le legs est mobilier, ou, dans le cas où le legs est immobilier, lorsqu'il y a dans la succession des immeubles de même nature, valeur et bonté, dont on puisse former des lots à peu près égaux pour les autres cohéritiers.

VI.— Il n'y a pas lieu à rapport lorsque le *de cujus*

a payé pour son successible une dette à raison de laquelle il n'aurait pu être condamné en justice.

VII. — Les charges constituées par le successible donataire subsistent quand l'immeuble donné tombe par l'effet du partage dans le lot de ce successible.

DROIT ADMINISTRATIF.

I. — Un particulier qui se prétend diffamé par les termes d'une délibération d'un conseil municipal peut porter une action devant le tribunal correctionnel.

II. — Les tribunaux civils sont compétents pour accorder des dommages-intérêts aux tiers lésés par l'exploitation d'un établissement dangereux, incommode ou insalubre, autorisé par l'administration.

DROIT PÉNAL.

I. — L'action publique en adultère n'est point éteinte par le décès du mari survenu depuis sa dénonciation.

II. — Le consentement de la victime n'empêche point l'auteur d'un homicide d'être punissable.

Vu par le président de la thèse :

VUATRIN.

Vu par le doyen :
COLMET D'AAGE.

Vu et permis d'imprimer :
A. MOURIER.

PARIS. — IMPRIMERIE DE E. MARTINET, RUE MIGNON, 2.